Manon Sander

Hände waschen, Schleife binden, Besteck benutzen

Mit einfachen Ideen und Gruppenspielen Alltagsfertigkeiten gezielt einüben

Gedruckt auf umweltbewusst gefertigtem, chlorfrei gebleichtem
und alterungsbeständigem Papier.

3. Auflage 2018
Nach den seit 2006 amtlich gültigen Regelungen der Rechtschreibung
© Auer Verlag
AAP Lehrerfachverlage GmbH, Augsburg
Alle Rechte vorbehalten
Das Werk und seine Teile sind urheberrechtlich geschützt. Jede Nutzung in anderen als den
gesetzlich zugelassenen Fällen bedarf der vorherigen schriftlichen Einwilligung des Verlages.
Hinweis zu § 52 a UrhG: Weder das Werk noch seine Teile dürfen ohne eine solche Einwilligung
eingescannt und in ein Netzwerk eingestellt werden. Dies gilt auch für Intranets von Schulen und
sonstigen Bildungseinrichtungen.
Illustrationen: Andreas Hobmeier
Umschlaggestaltung: Mindcrafts communications GmbH, Augsburg
Satz: krauss-verlagsservice, Augsburg
Druck und Bindung: Esser printSolutions GmbH
ISBN 978-3-403-**06498**-5

www.auer-verlag.de

Inhaltsverzeichnis

Vorwort 4

Einleitung 5

Alltagsfertigkeiten ab 2 Jahren

Jacke, Mütze, Schal anziehen 10

Eigene Sachen erkennen 15

Mit Stiften umgehen 20

Frühstücken 24

Farben kennen 29

Alltagsfertigkeiten ab 2 ½ Jahren

Zur Toilette gehen 33

Alltagsfertigkeiten ab 3 Jahren

Klettverschlüsse, Knöpfe und Reißverschlüsse 37

Den eigenen Namen erkennen und schreiben 41

Mit Schere und Klebstoff umgehen 46

Ordnung halten 52

Stuhl tragen, Stuhlkreis bilden 56

Sich vielfältig und geschickt bewegen 59

Lage im Raum erkennen 63

Tisch decken 67

Müll trennen 71

Alltagsfertigkeiten ab 3 ½ Jahren

Jahreszeiten kennen 75

Geburtstag merken 85

Alltagsfertigkeiten ab 4 Jahren

Zahlen erkennen, Zählen 88

Sich sicher im Straßenverkehr verhalten 92

Alltagsfertigkeiten ab 5 ½ Jahren

Schleife binden 97

VORWORT

Bekanntlich lernt man ja sein ganzes Leben lang. Prägend sind aber vor allem die Jahre vor Schulbeginn. In diesem Alter lernen Kinder viel schneller und leichter. Natürlich sollte in Kindergärten, Kindertagesstätten und schulvorbereitenden Einrichtungen viel gespielt werden. Doch das Spiel kann gut genutzt werden, um dabei mühelos und dauerhaft zu lernen.

Vieles lernen Kinder sicherlich irgendwann sowieso, aber es kann oft mühsamer sein und länger dauern. So mancher (erzieherischer) Lerninhalt geht an einigen Kindern einfach so vorbei. Ein gutes (oder vielleicht auch ein schlechtes) Beispiel ist das Essen. Selbst manche Erwachsene essen nicht so, dass man ihnen gern dabei zusehen möchte. Die Grundlagen für ordentliches Essen werden im Vorschulalter gelegt. Was Hänschen nicht lernt, lernt Hans nimmermehr …

In vielen Kindergärten ist das Einüben von Alltagsfertigkeiten Bestandteil des Konzepts, zum Beispiel der Gang zur Toilette oder das selbstständige Anziehen. Oft finden aber nur verbale Hinweise der Erzieherinnen statt. Gerade wenn die kleineren Kinder Lerninhalte langfristig behalten sollen, müssen sie auf verschiedene Arten lernen dürfen. Dieses Buch enthält eine Fülle an Anregungen für kleine Lernprojekte. Sie finden konkrete und kreative Ideen zur Anleitung der Kinder, wobei mehrere Sinneskanäle angesprochen werden! Einige Spiele haben einen positiven Effekt auf unterschiedliche Fähigkeiten und Fertigkeiten, da sich die Inhalte überschneiden (zum Beispiel das Anziehen und das Erkennen eigener Sachen).

Unterstützen Sie die Kinder beim Erlernen dieser für ihren Alltag wichtigen Fähigkeiten und Fertigkeiten und erleichtern Sie ihnen das Lernen!

Denken Sie aber auch immer daran und sagen es vor allem den Eltern: Kinder lernen viel von Vorbildern. Sie und die Eltern sind die nächsten Vorbilder für die Kinder. Wenn Sie beispielsweise möchten, dass sich die Kinder beim Essen an den Tisch setzen, dann müssen auch Sie sich zum Essen hinsetzen. Wenn Sie die Eltern und Kinder nett und freundlich begrüßen und verabschieden, dann werden die Eltern und schließlich auch die Kinder dies ebenso tun.

Viel Erfolg und Spaß beim Ausprobieren der Ideen mit den Kindern wünscht Ihnen

Manon Sander

Einleitung

Basiswissen für Erzieherinnen

Altersempfehlungen

In Kindereinrichtungen wird leider ganz häufig argumentiert, dass mit den Kleinen noch nicht viel gemacht werden könne, weil es keine entsprechenden Übungen gäbe. Das stimmt nicht. Auch mit kleineren Kindern kann man schon viele Alltagsfertigkeiten einüben. Wichtig ist dabei, auf das Alter der Kinder Rücksicht zu nehmen. So ist es nicht sinnvoll, mit zweijährigen Kindern das Schleifebinden zu üben. Den Kindern fehlt in diesem Alter einfach noch die Fingerfertigkeit dazu. Kleine Kinder können aber durchaus lernen, einen Klettverschluss zu schließen oder einen Reißverschluss hochzuziehen.

Die einzelnen Projekte und Aktionen in diesem Buch sind so beschrieben, dass viele Tätigkeiten sich langsam einschleifen und nach und nach zur Gewohnheit werden. Die Altersempfehlungen bedeuten nicht, dass ältere Kinder nicht mehr einsteigen können – am effektivsten ist das Lernen grundsätzlich, wenn die Kinder noch jünger sind. Betrachten Sie die Empfehlung daher auch wirklich als Empfehlung. Manche Kinder sind vielleicht schon ein halbes Jahr vorher in der Lage, bestimmte Dinge auszuführen, andere erst ein halbes bis ein Jahr später. Das ist auch völlig in Ordnung. Kinder sind eben nicht alle gleich. Sie wissen mit Sicherheit am besten, mit welchen Ihrer Kinder Sie die Übungen schon durchführen können. (Bei entwicklungsverzögerten oder behinderten Kindern können Sie die Altersangaben für sich ebenfalls individuell nach oben anpassen.)

Da in vielen Einrichtungen schon Kinder ab zwei Jahren aufgenommen werden, beginnen die Empfehlungen ab dieser Altersstufe. Selbstverständlich können Sie diese Projekte auch noch mit dreijährigen Kindern machen, wenn in Ihrer Einrichtung erst Kinder ab diesem Alter aufgenommen werden und Sie die Übungen noch für sinnvoll halten. Sie finden die jeweilige Altersempfehlung rechts neben den Überschriften für die einzelnen Projekte.

Aufbau

Es gibt Tätigkeiten, die einfach – wie nebenbei – gelernt werden. Andere Fertigkeiten müssen die Kinder mühsam erlernen. Das Lernen muss immer wieder neu begonnen und wiederholt werden, damit diese Fertigkeiten irgendwann richtig gekonnt werden.

Die Projekte in diesem Buch sind an die Bedürfnisse der Kinder angepasst. Manche sind auf einen kurzen Zeitraum ausgelegt, andere erstrecken sich über eine längere Periode.

In den einzelnen Projekten sind Geschichten, Lieder, Bastelaufträge, kleine Kochrezepte, das tägliche Leben betreffende Aufgaben, Sportübungen oder Spiele enthalten. Sie können alles übernehmen, etwas hinzufügen oder etwas weglassen – wie es Ihnen gefällt und wie es die Bedürfnisse der Kinder erfordern.

Gruppenstärke

Passen Sie die Gruppenstärke an die jeweilige Übung an. Manchmal benötigen Sie kleine Gruppen mit wenigen Kindern, manche Aufgaben lassen sich besser mit vielen Kindern gemeinsam durchführen. Teilweise müssen Sie zeitversetzt arbeiten, damit alle Kinder an die Reihe kommen. Informationen zur Organisation der Übungen finden Sie in den einzelnen Projektbeschreibungen.

Einbindung in den Tagesablauf

Einige Lerninhalte müssen über einen längeren Zeitraum öfter geübt werden, bis die Kinder sie beherrschen. Es sind also ständige Wiederholungen notwendig. Meistens geht es um Kleinigkeiten, die nur wenig Zeit in Anspruch nehmen und die im ganz normalen Tagesablauf Platz finden werden, zum Beispiel das selbstständige An- und Ausziehen. Am Anfang ist es vielleicht ein wenig mühsam, aber mit der Zeit werden Ihnen gerade diese Dinge die tägliche Arbeit erleichtern. Die Kinder, mit denen Sie das Einüben beginnen, haben es am schwersten, weil sie noch keine Vorbilder haben. Die Kinder, die dann folgen, haben es wesentlich einfacher: Sie müssen nur noch nachahmen, was die anderen ihnen vormachen.

Einbindung und Information der Eltern

Einige Eltern werden auf Sie zukommen und fragen, wann Sie was mit den Kindern machen werden. Anderen ist es egal, wie Sie die erzieherischen Inhalte verteilen. Hauptsache, ihre Kinder werden betreut.

Für beide Gruppen von Eltern ist es sinnvoll, wenn Sie mit Aushängen, Bildern und kleinen Vorführungen über die Inhalte im Kindergarten informieren. Wenn Sie die Unterstützung von Eltern benötigen, zum Beispiel, um mit dem Kind gewisse Dinge noch einmal einzuüben, dann teilen Sie das den betreffenden Eltern in einem persönlichen Gespräch mit. Betrifft es eine Gruppe von Kindern, dann laden Sie einfach alle Eltern dieser Kinder ein und erklären ihnen, was Sie vorhaben und inwieweit Sie ihre Unterstützung und Hilfe benötigen. Viele Eltern sind gern bereit mitzuhelfen! Für die Vorbereitung des Treffens im Kindergarten bieten sich thematisch passende Einladungen, die Sie mit den Kindern gestalten können, an (Beispielvorlagen zum Erlernen der Schleife, der Zahlen und des Umgangs mit Geschirr und Besteck bzw. mit Stiften, siehe S. 8/9). Auch wenn Sie die häusliche Unterstützung der Eltern benötigen, können Sie ihnen unter Verwendung der Vorlagen handliche individuelle Informationen aushändigen.

Wenn Sie Eltern dazu bringen möchten, etwas an ihrem Verhalten oder am Verhalten der Kinder zu ändern, dann erklären Sie ihnen, warum Sie bestimmte Sachen anders haben möchten. Erklären Sie ihnen die genauen Gründe, hören Sie sich auch die Argumente der Eltern an und kommen Sie dann gemeinsam zu einer Entscheidung.

Teilen Sie den Eltern außerdem mit, warum Sie bestimmte Spiele mit den Kindern machen. Zeigen Sie ihnen, was selbst bei einfach erscheinenden Beschäftigungen gelernt werden kann.

Motivation der Kinder

Es gibt immer einige Kinder, die einfach nicht mitmachen wollen. Wenn es sich um einzelne Spiele oder Übungen handelt, ist das noch kein Problem, denn es muss nicht jeder alles mitmachen. Auch Kinder dürfen mal einfach keine Lust haben oder etwas anderes lieber machen wollen.

Gibt es allerdings ein Kind, das immer gegen ihre Angebote ist, dann müssen Sie auf dieses Kind besonders einwirken, um sein Interesse zu wecken. Nehmen Sie es zur Seite und erklären Sie ihm, dass gerade es besonders wichtig ist und Sie auf seine Mithilfe angewiesen sind. Sie dürfen dieses Kind nicht den anderen vorziehen, aber zeigen Sie ihm, dass es Ihnen toll mithelfen kann oder etwas ganz Besonderes kann.

Es gibt auch Kinder, die sich stundenlang mit einem Thema beschäftigen können und so lange immer wieder üben, bis sie die Fertigkeit schließlich können. Auch diese Kinder müssen Sie für ihre Geduld und ihre Geschicklichkeit loben.

Andere Kinder hingegen müssen immer wieder ermutigt werden, besonders dann, wenn sie Misserfolge erleben. Diesen Kindern müssen Sie schon bei ganz kleinen Erfolgsschritten ein Lob aussprechen. Vergleichen Sie diese Kinder nicht mit den schnelleren Kindern. Das entmutigt eher, als dass es anspornt. Zeigen Sie Verständnis dafür, dass es manchmal ein wenig länger dauert. Denken Sie daran, dass Sie vielleicht auch mal eine Sache nicht geschafft haben und keine Ausdauer gezeigt haben. Bestimmt fallen Ihnen dann auch ermutigende Worte ein.

Handelt es sich um Aufgaben für die Gemeinschaft, dann loben Sie die Kinder besonders dafür.

Nur gespielt?

Es kann Ihnen passieren, dass Sie intensiv mit den Kindern gearbeitet haben. Sie glauben, eine Menge getan zu haben. Die Kinder erzählen mittags ganz freudig den abholenden Eltern, dass sie einen ganz tollen Vormittag gehabt und dabei nur gespielt hätten.

Ärgern Sie sich nicht – im Gegenteil! Seien Sie erfreut darüber. Sie haben es geschafft, den Kindern Wissen, Fähigkeiten oder Fertigkeiten zu vermitteln. Und die Kinder haben gern mitgearbeitet und hatten eine Menge Spaß daran. Etwas Besseres kann Ihnen doch gar nicht passieren!

EINLADUNGSKARTEN FÜR ELTERN

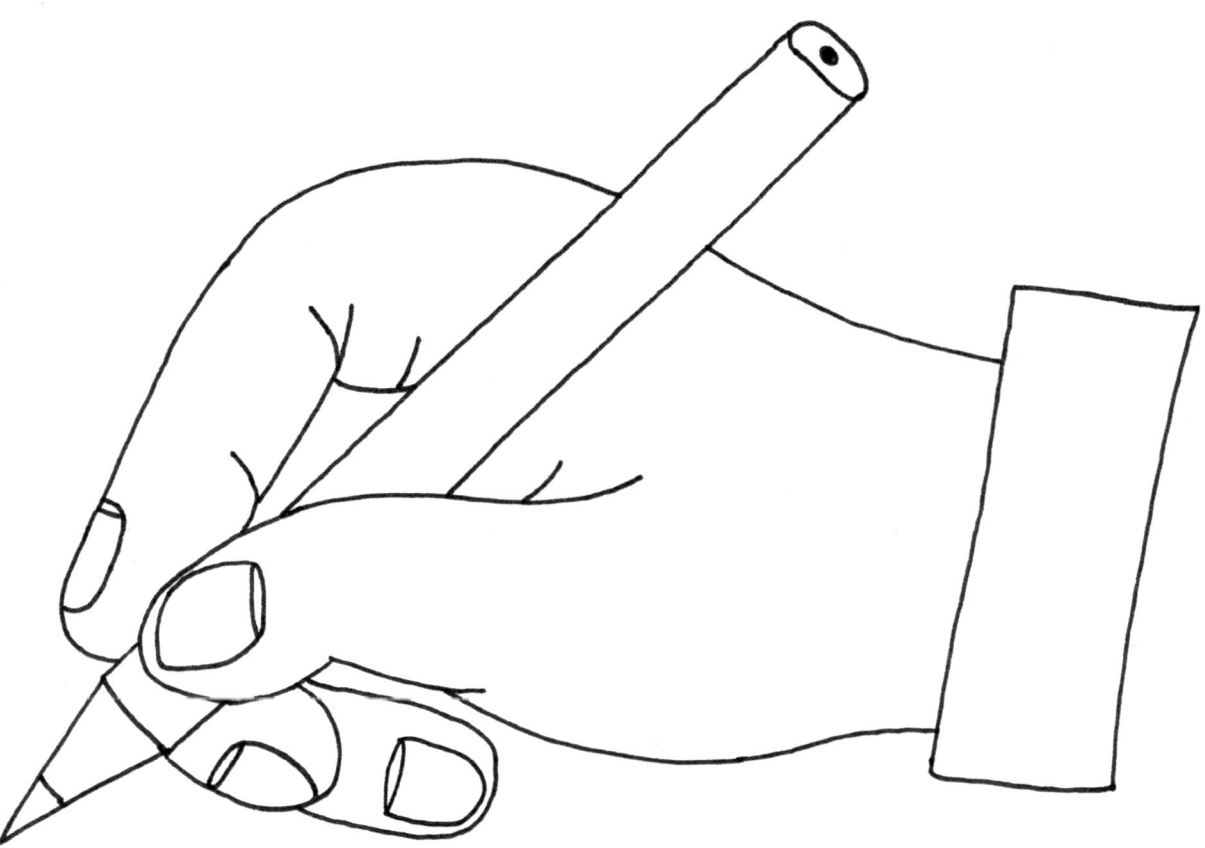

EINLADUNGSKARTEN FÜR ELTERN

Jacke, Mütze, Schal anziehen

Gezielt auf die Schule vorbereiten

Zum Thema

Kinder, die in eine Kindertagesstätte kommen, haben bisher die meiste Zeit mit ihren Eltern, Großeltern und Geschwistern verbracht. Sie wurden in der Regel „bedient" und bekamen ständig Hilfen.
Nun stehen Sie mit Ihren Kolleginnen plötzlich vor vielen neuen Kindern, denen Sie dabei helfen müssen, sich anzuziehen, wenn Sie nach draußen zum Spielen gehen wollen. Während die ersten Kinder schon das Klettergerüst erobern, sitzen einige noch auf der Bank und warten darauf, angezogen zu werden.
Durch Drängeln erreichen Sie nichts. Es ist auch nicht sinnvoll, einfach nur zu warten, bis die Kinder es von selbst schaffen. Das dauert zu lange und den Kindern ist wenig geholfen. Sie können die Kinder jedoch spielerisch unterstützen und ihnen so helfen, selbstständiger zu werden. Am einfachsten und wichtigsten in der kalten Jahreszeit ist es, dass die Kinder sich ihre warme Kleidung selbst anziehen können. Geübte Kinder schaffen es dann auch, mit schwierigeren Kleidungsstücken umzugehen.

Hilfen durch Eltern

Es gibt Kinder, die sich schon sehr früh alleine anziehen können. Egal, ob sie Latzhosen, Hemden bzw. Blusen mit Knöpfen oder komplizierte Hosenverschlüsse und Gürtel zu bewältigen haben. Andere Kinder, die solche Kleidung tragen, kommen damit nur schwer alleine klar.
Sprechen Sie die Eltern ruhig darauf an. Gut ist es auch, den Eltern einmal am eigenen Leib die Auswirkungen einer noch nicht ausgeprägten Feinmotorik spüren zu lassen. Teilen Sie Gartenarbeitshandschuhe aus und bitten Sie die Eltern, damit einen Reißverschluss an einer Jacke zu schließen oder sich die Schuhe zuzubinden. Sie werden große Mühe dabei haben und es wird nur wenigen gelingen. Bitten Sie die Eltern im Anschluss, einfache Kinderkleidung für die Einrichtung auszuwählen.
Eine solche Aktion ist wesentlich wirkungsvoller als eine nur verbale oder schriftliche Aufforderung und zusätzlich mit einer Menge Spaß verbunden. Sie werden so sicherlich mehr Eltern erreichen und ihnen einprägsamer vermitteln, wie sie ihre Kinder beim Lernen unterstützen können.

Spielen und Wahrnehmen mit allen Sinnen

Ideen, Spiele, Anregungen

Mit der Kleidung spielt man doch!

Sicherlich können Sie sich noch daran erinnern, dass früher auf Kindergeburtstagen oft das Spiel „Schokoladenwettessen" gespielt wurde. Ein wenig abgewandelt, kann es beim selbstständigen Anziehen helfen.

Sie benötigen ein Schälchen mit Weintrauben oder anderen Obst- oder Gemüsestückchen, die schnell und einfach mit einer Hand gegessen werden können, einen Farbwürfel und die aktuelle Kleidung der Kinder (im Sommer etwa eine dünne Jacke – im Winter die entsprechende Winterkleidung). Die Kinder sollten alle eine vergleichbare Anzahl von Kleidungsstücken anziehen müssen. Schokolade sollten Sie den Kindern nicht anbieten, Obst ist da wesentlich sinnvoller!

Spielen Sie das Spiel mit 6-8 Kindern, die das Anziehen etwa gleich gut können. Wenn sie selbst auch mitspielen, werden die Kinder daran ihre besondere Freude haben. Natürlich spielen Sie unter „verschärften" Bedingungen. Während die Kinder nur eine Jacke anziehen müssen, nehmen Sie im Sommer zusätzlich Handschuhe und Mütze hinzu. Im Winter erweitern Sie Ihre Winterkleidung vielleicht durch eine Skibrille, Stulpen oder Ähnliches. Zu sehen, dass auch Sie sich abmühen müssen, macht den Kindern eine Menge Spaß!

Nun wird reihum gewürfelt. Wer eine vorher verabredete Farbe würfelt, zieht sich seine Kleidung an und darf dann die Trauben essen. Würfelt ein anderes Kind die Farbe, muss sich das erste Kind wieder ausziehen und die Trauben weiterreichen. Nach dem Spiel teilen Sie die übriggebliebenen Trauben so aus, dass die Kinder, die vorher wenig abbekommen haben, ein paar mehr erhalten.

Den Schwierigkeitsgrad des Spiels können Sie steigern, indem Sie einfach ein paar Kleidungsstücke hinzufügen. Bei etwas größeren Kindern können Sie statt des Farbwürfels auch einen normalen Würfel benutzen. Zuvor sollten die Würfelzahlen besprochen worden sein (siehe auch S. 91).

Puppen-, Bären- und Stofftiereltern

In jeder Einrichtung gibt es Puppen und Teddybären sowie andere Stofftiere, die Kleidung tragen können. Wenn Sie nicht genügend kleine Kleidungsstücke haben, bitten Sie die Eltern, Ihnen ausrangierte kleine Babyjäckchen, Mützen, Schals und Handschuhe zur Verfügung zu stellen. Fragen Sie die Eltern auch ruhig nach großen gut erhaltenen Stofftieren und Puppen. Falls einige Stofftiere nicht mehr so schön ausschauen, können Sie ihnen auch lustige bunte Sachen anziehen und sie einfach als Anschauungsobjekte auf einen Schrank setzen!

Regen Sie die Kinder dazu an, die Puppen und Tiere an- und auszuziehen. Manche Jungen, die von zu Hause aus mehrfach gesagt bekommen haben, dass Puppen nichts für sie sind, weigern sich vielleicht, mit Puppen zu hantieren. Diesen können sie die große Auswahl an Tieren zeigen.

Stellen Sie den Kindern, die eine Puppe oder ein Tier angezogen haben, eine kleine Urkunde aus, mit der sie den Kindern bescheinigen, dass sie etwas geschafft haben (siehe nächste Seite). Eine solche Urkunde wird für die Kinder eine große Bedeutung haben, sie werden stolz darauf sein. Natürlich dürfen die Kinder sie mit nach Hause nehmen und ihren Familienmitgliedern zeigen. Besonders schön ist es, wenn die Urkunden von den Kindern bunt angemalt werden.

Die Übergabe der Urkunden können Sie in den Sitzkreis integrieren. Immer wenn ein Kind etwas geschafft hat, bekommt es seine Urkunde – zum Beispiel am Ende des Vormittags – vor allen anderen Kindern überreicht.

Ich kann das schon!

Anderen zu zeigen, was sie schon können, ist für Kinder immer ein besonderes Erlebnis. Das kann auch in Form eines Bildes geschehen. Die Kinder freuen sich sehr, wenn sie mit ihrem Bild zeigen können, dass sie etwas Besonderes können.

Hängen Sie in den Ankleidebereich je ein ausrangiertes Exemplar der Kleidungsstücke aus, die die Kinder gerade benötigen (zum Beispiel Matschhose, Jacke, Mütze, Handschuhe …). Sie können auch Bilder der Kleidungsstücke malen oder aus einem Katalog ausschneiden.

Kopieren Sie das Foto jedes Kindes, das Sie für den Geburtstagskalender verwenden, in der Anzahl der ausgestellten Kleidungsstücke. Hat ein Kind es geschafft, das entsprechende Kleidungsstück selbst anzuziehen, wird sein Foto zu den anderen geklebt, die sich bereits allein anziehen können. Einerseits ist dies ein Anreiz für die Kinder, sich anzustrengen, weil sie gern möchten, dass ihr Foto aufgehängt wird. Andererseits hilft es aber auch Ihnen und Ihren Kolleginnen, sich zu merken, welches Kind sich schon alleine anziehen kann und wer noch Hilfe braucht.

Jacke, Mütze, Schal anziehen

Stopp anziehen

Die Kinder versuchen, sich anzuziehen. Ein Kind darf sich auf einen Stuhl stellen. Ganz plötzlich sagt das Kind dann laut „Stopp". Alle Kinder müssen sofort still auf einer Stelle stehen bleiben.

Sie bestimmen dann, wer als Nächstes „Stopp" sagen darf.

Als Variation können Sie das Signalwort „Stipp" einführen. Dann muss jedes Kind die letzte Bewegung, die es gemacht hat, so lange wiederholen, bis das Kind, das an der Reihe ist, „Stopp" sagt.

Dieses Spiel macht den Kindern ungeheuren Spaß. Sie sehen sich keinem Druck ausgesetzt, sich schnell anziehen zu müssen. Das Spielerische steht im Vordergrund.

Wenn Sie das Gefühl haben, dass die Kinder zu albern werden, dann beenden Sie das Ganze und spielen einfach an einem anderen Tag weiter. Die benutzten Kleidungsstücke werden selbstverständlich nach dem Gebrauch wieder richtig und ordentlich aufgehängt.

Verkleiden

Kinder verkleiden sich sehr gern. Besonders dann, wenn die Sachen bunt oder zu groß sind und gar nicht dem entsprechen, was sie sonst tragen. Bitten Sie Eltern um eine Reihe alter Kleidungsstücke, mit denen sich die Kinder verkleiden können.

Wichtig ist es, dass die Sachen gut gereinigt sind! Nicht nur, wenn Sie sie für Ihre Einrichtung übernehmen, sondern auch zwischendurch immer wieder – besonders wenn viele Kinder krank sind oder wenn Läuse in Ihrer Einrichtung aufgetaucht sind. Stecken Sie ein Teil lieber einmal zu viel in die Waschmaschine. Natürlich ist es praktisch, wenn einige Kleidungstücke zum Wechseln vorhanden sind.

Stellen Sie die Sachen offen zur Verfügung, zum Beispiel in einer Verkleidungskiste. Lassen Sie die Kinder damit frei und scheinbar unbeaufsichtigt spielen. So lernen Kinder in diesem Alter oft am meisten. Kinder, die nicht von sich aus frei damit spielen, können Sie zum Verkleiden motivieren. Zum Beispiel können Sie sagen, dass Sie gern einmal sehen möchten, wie das Kind in der Jacke aussehen würde, wie ihm der Hut steht und ob es sich vielleicht als eine alte Frau oder wie ein Zirkusdirektor verkleiden kann. Kinder, die das Verkleiden mit den fremden Sachen ablehnen, sollten sie selbstverständlich nicht dazu zwingen.

Spielen Sie auch Modenschau mit den Kindern. Die Kinder dürfen ihre verrücktesten Kostüme präsentieren. Dabei ergibt sich eine gute Gelegenheit, um Fotos zu schießen, die sie in der Einrichtung ausstellen können.

Jacke, Mütze, Schal anziehen

Eigene Sachen erkennen

Gezielt auf die Schule vorbereiten

Zum Thema

Sicherlich kennen Sie das. Manche Kinder gehen sehr aufmerksam und umsichtig mit ihren Sachen um. Diese Kinder erkennen ihre Sachen auch sofort wieder und wissen, was ihnen gehört und wo sie was aufbewahren können. Bei anderen Kindern ist das nicht der Fall. Die Jacke fällt einfach auf die Erde, die Hausschuhe landen zwischen dem Spielzeug oder auf der Fensterbank, gemalte Bilder finden nicht den Weg in das eigene Fach und so weiter. Diese Kinder müssen lernen, ihre eigenen Dinge zu erkennen und sie an den richtigen Platz zu bringen.

Hilfen durch Eltern

Bitten Sie die Eltern auf dem ersten Elternabend, mit den Kindern zu Hause immer wieder zu üben, ihre Kleidungsstücke zu erkennen und sie an einem bestimmten Platz aufzubewahren.

Wenn die Kinder morgens in die Einrichtung gebracht werden, dann sollten die Eltern die Sachen der Kinder zunächst alleine, dann gemeinsam mit ihren Kindern an die dafür vorgesehenen Plätze stellen oder hängen. Die Eltern nehmen ihre Hilfestellung immer mehr zurück, bis die Kinder schließlich alles allein können. Zusätzlich sollten möglichst alle Kleidungsstücke und Dinge, die die Kinder mit in die Einrichtung bringen, mit Namen gekennzeichnet sein. Manche Eltern haben von sich aus Etiketten, die sie in die Kleidung kleben. Stellen Sie für die anderen wasserfeste Stifte zur Verfügung! Auch für Frühstücksdosen gibt es spülfeste Etiketten.

Spielen und Wahrnehmen mit allen Sinnen

Ideen, Spiele, Anregungen

Hausschuhsalat

Bilden sie mit den Kindern einen Sitzkreis. Alle Kinder ziehen ihre Hausschuhe aus und legen sie in die Mitte des Kreises. Jetzt dürfen einzelne Kinder in die Mitte kommen und die Schuhe wieder verteilen. Manche Kinder erkennen die Schuhe von anderen, andere benötigen Hilfestellung. Natürlich dürfen die anderen Kinder auch gefragt werden, zum Beispiel: „Gehört der blaue Hausschuh mit dem Fußball dir, Tom?" Wenn ein Schuh einem Kind richtig zugeordnet wurde, dann darf das Kind den Schuh anziehen. Das heraussuchende Kind darf den nächsten Schuh nehmen. Wurde der Schuh falsch ausgeteilt, kommt das nächste Kind an die Reihe. Damit möglichst viele Kinder an die Reihe kommen, wird immer spätestens nach vier Schuhen gewechselt.

Bei dieser Übung müssen die Kinder darauf achten, dass sie ihre eigenen Sachen identifizieren. Zusätzlich wird die Kommunikationsfähigkeit und der Wortschatz der Kinder geschult, indem die Kinder miteinander reden. Von ganz alleine wird das An- und Ausziehen der Hausschuhe mehrfach geübt, denn ganz oft fragen die Kinder nach einem Durchgang, ob das Spiel nicht wiederholt werden kann.

Außer den Hausschuhen eignen sich auch Mützen oder Handschuhe. Mit schmutzigen Straßenschuhen oder Gummistiefeln sollte dieses Spiel jedoch nicht durchgeführt werden. Jacken sind ebenfalls nicht so gut geeignet.

Schilder finden

In Kindergärten werden unterschiedliche Symbole zur Kennzeichnung der eigenen Gegenstände benutzt. Oft handelt es sich dabei um farbige Tiere, manche Einrichtungen benutzen auch Fotos der Kinder. Gehen Sie nicht davon aus, dass die Kinder vom ersten Tag an in der Lage sind, ihr eigenes Schild zu erkennen.

Die Kinder müssen ihre Schilder in unterschiedlichen Räumen und Situationen wiederfinden. Zu Beginn des Kindergartenjahres fordern Sie jeweils einen Teil der neuen Kinder dazu auf, mit ihnen gemeinsam zur Garderobe zu gehen. Bitten Sie jedes Kind, sich auf seinen Platz zu setzen. Das geht in der Regel relativ schnell. Helfen Sie den Kindern, die ihre Plätze nicht finden können. Die Kinder können Ihnen gegenüber noch einmal wiederholen, woran sie ihr Schild erkannt haben, zum Beispiel: „Ich habe den Elefanten." Danach probieren Sie dasselbe im Waschraum aus. Jedes Kind soll auch dort sein Handtuch, seine Zahnbürste ... finden. Das Gleiche führen Sie im Anschluss gegebenenfalls im Gruppenraum oder an jeder anderen Stelle, an der noch Dinge der Kinder zu finden sind, durch.

Wiederholen Sie das Ganze mit den Kindern, die ihre Sachen noch nicht finden können. Sie können diese Übung auch in den täglichen Tagesablauf integrieren. Lassen Sie sich zum Beispiel von den Kindern zeigen, wo sie ihre Bilder hinlegen müssen oder mit welchem Handtuch sie sich nach dem Händewaschen ihre Hände abtrocknen.

Bei uns hat sich was verändert!

Spielen Sie doch mal das Spiel „Bei uns hat sich was verändert!" in der Garderobe. Während ein Kind im Gruppenraum wartet, wird im Garderobenbereich etwas an seinen Sachen verändert.

Dann rufen es die Kinder mit den Worten „Bei uns hat sich was verändert!" zur Garderobe.

Es muss zum Beispiel erkennen, dass seine Jacke mit einer anderen vertauscht wurde, dass die Gummistiefel an einem ganz anderen Platz stehen oder Ähnliches. Das Kind darf den richtigen Zustand wiederherstellen und wird natürlich für jede richtige Zuordnung besonders gelobt. Danach kommt ein anderes Kind an die Reihe.

Geschichte zum Erzählen und Vorlesen, Anschauen und Ausmalen

Lesen Sie den Kindern die Geschichte (siehe S. 17) vor. Sprechen Sie darüber. Sie können auch die Zeichnungen für die Kinder kopieren, sie ausmalen lassen und anschließend im Gruppenraum aufhängen.

Im Anschluss sagen Sie den Kindern, dass sie ihre Sachen an einem bestimmten Ort aufbewahren müssen. Außerdem sollen sie in der Lage sein, ihre eigenen Dinge jederzeit wiederzuerkennen und wiederzufinden. Erklären sie ihnen, dass wir Menschen ja keine Eichhörnchen sind und dass wir weder der Natur noch sonst jemandem eine Freude damit machen, wenn wir unsere Sachen liegen lassen, denn aus einer verlorenen Jacke wächst nun mal leider kein Jackenbaum.

Wenn ein Kind seine Sachen einmal wieder verstreut oder liegen lässt, dann können Sie es nun etwas scherzhaft darauf hinweisen, dass es mal wieder Eichhörnchen spielen müsse, um seine Sachen zusammenzubekommen.

Wo sind nur meine Vorräte?

Es ist Sommer. Die Blumen blühen, die Vögel zwitschern und ein kleines Eichhörnchen läuft durch den Garten und sammelt Vorräte für den Winter. Es versteckt etwas unter einer Hecke und unter einem Baum, es gräbt ein kleines Loch und legt dort etwas hinein.

Auch im Herbst ist das Eichhörnchen noch damit beschäftigt, sich Vorräte anzulegen. Es sammelt Kastanien und Eicheln und auch viele andere Dinge, die es im Winter gern essen möchte.

Plötzlich ist es so weit und der erste Schnee fällt vom Himmel. Das Eichhörnchen beginnt, seine Vorräte zu suchen. Unter einem Busch findet es eine Kastanie und unter einem Strauch eine Eichel. Doch es muss immer wieder suchen und suchen, bis es etwas zu essen gefunden hat.

Das ist ganz schön anstrengend für das Eichhörnchen, aber Eichhörnchen machen das so. Alle Samen, die es nicht mehr findet, helfen der Natur. Denn wenn der Schnee wegtaut, dann wachsen aus den vergessenen Samen neue kleine Bäume.

EIGENE SACHEN ERKENNEN

Memory® herstellen

Das folgende Memory® herzustellen, ist ein wenig aufwendiger. Es kann aber lange mit den Kindern gespielt werden. Mit Sicherheit macht es den Kindern eine Menge Spaß, ihr eigenes Bild oder die Bilder der anderen Kinder in einem richtigen Spiel zu finden.

Fotografieren Sie die Kinder, wenn sie ihre Jacke oder Gummistiefel anhaben. (Falls mehrere Kinder die gleichen Gummistiefel haben, ist die Jacke besser.) Verkleinern Sie die Bilder entsprechend und machen Sie einen Ausschnitt vom jeweiligen Kleidungsstück in der gleichen Größe. Oder fotografieren Sie zusätzlich zum ganzen Kind nur das Kleidungsstück aus der Nähe. Dann drucken Sie für jedes Kind beide Bilder aus. Kleben Sie die Fotos auf Tonpapier oder Fotokarton und schneiden gleich große Kärtchen aus. Wenn Sie die Kärtchen anschließend laminieren, bleibt das Memory®spiel lange haltbar.

Gespielt wird wie bei jedem anderen Memory® auch. Immer derjenige, der an der Reihe ist, muss zwei Karten so umdrehen, dass alle anderen diese Karten auch erkennen und sich deren Lage einprägen können. Wenn das Kind und sein Kleidungsstück zu sehen sind, gehören die Kärtchen zusammen. Derjenige, der sie umgedreht hat, darf diese Karten behalten und zwei weitere Karten drehen.

Passen die Kärtchen nicht zusammen, werden sie wieder umgedreht und der Nachbar ist an der Reihe.

Wenn Sie das Spiel zu Beginn des Kindergartenjahres machen, können Sie die Kinder anleiten, die Namen der anderen Kinder zu sagen. So lernen sich die Kinder besser kennen.

Sie können auch Blankomemory®karten kaufen und diese bekleben. Das Laminieren ist aber in jedem Fall empfehlenswert, damit die Kinder öfter damit spielen können.

Kartenspiel herstellen

Auf dieselbe Art und Weise können Sie ein Quartett herstellen. Hier gehören immer vier Karten zusammen. Das erste Foto zeigt ein Kind, das mit Jacke, Mütze und Gummistiefeln angezogen ist. Die anderen drei Fotos zum Quartett enthalten jeweils einen Ausschnitt der Jacke, der Mütze und der Gummistiefel (siehe auch S. 19).

EIGENE SACHEN ERKENNEN

Zum besseren Zuordnen der Bilder bietet es sich an, die Zeichen der Kinder mit auf die Bilder zu bringen (zum Beispiel klein in einer Ecke oben). Die Bilder werden dann wieder auf Tonpapier oder Pappe geklebt und ebenfalls laminiert.

Wenn Sie die Bilder, die ein wenig am Computer bearbeitet werden müssen, nicht selbst herstellen können, dann fragen Sie doch einmal bei den Eltern nach. Sicher wird Ihnen jemand gerne helfen.

Folgende Spiele können Sie mit den Fotos durchführen, wobei Sie die Anzahl der Karten selbst bestimmen können.

- *Memory® mit vier Karten:* Dies ist recht schwierig und daher eher für die größeren Kinder ab fünf Jahren geeignet.
- *Quartett:* Die Kinder haben eine bestimmte Anzahl von Karten auf der Hand und müssen durch Tauschen, Abheben und Ablegen ein komplettes Blatt (bestehend aus vier zusammengehörenden Karten) zusammenstellen.
- *Karten ablegen:* Dieses Spiel funktioniert so ähnlich wie Mau-Mau. Die Karten eines Kindes dürfen aufeinanderfolgen, Mütze darf auf Mütze und Gummistiefel auf Gummistiefel gelegt werden. Wer nicht ablegen kann, muss eine Karte ziehen.

EIGENE SACHEN ERKENNEN

Mit Stiften umgehen

> Mit Stift, Schere, Besteck und Co umgehen
>> Gezielt auf die Schule vorbereiten

Zum Thema

Den Umgang mit Stiften müssen Kinder erst lernen, was für sie gar nicht so einfach ist. Die Kinder müssen üben, die Stifte richtig zu halten. Das ist auch später für das Schreiben immens wichtig. Zudem müssen sie aufpassen, dass sie die Stifte nicht loslassen, da sie sonst herunterfallen. Bei Filzstiften oder anderen Stiften mit Deckel gehört zudem das richtige Verschließen dazu.

Den kleineren Kindern fällt es oft noch schwer, ihre Stifte zu verschließen, da ihre Auge-Hand-Koordination noch nicht ausgeprägt genug ist. Sie können ihnen durch die Übungen in diesem Kapitel helfen, denn bei allen folgenden Übungen wird die Feinmotorik der Kinder geschult.

Das vorsichtige Führen eines Stiftes ist ebenso wichtig. Buntstifte brechen leicht ab und bei Filzstiften bohrt sich schnell die Spitze in den Stift hinein oder franst durch einen falschen Umgang (zu starkes Aufdrücken) aus.

Wenn sich die Kinder schon früh eine falsche Haltung der Stifte angewöhnt haben, dann ist es schwierig, ihnen dies wieder abzugewöhnen. Beginnen Sie also mit den Übungen, sobald die Kinder Stifte benutzen.

Hilfen durch Eltern

Die Kinder können schneller Fortschritte erzielen, wenn auch die Eltern mit ihnen üben. Oft ist es aber leider so: Die Kinder, die schon toll mit Stiften umgehen können, dürfen dies auch zu Hause und malen dort viel. Die Kinder, die die Übung mit Stiften nötig hätten, dürfen das zu Hause nicht oder werden dabei sich selbst überlassen.

Eltern geben an, dass sie selbst nicht malen können und dass sie es auch gar nicht für wichtig halten, denn ein bisschen Kritzeln kann schließlich jeder. Wenn Sie auf diese Eltern mit dem erhobenen Zeigefinger zugehen, dann erreichen sie in der Regel überhaupt nichts. Im Gegenteil, die Eltern haben das Gefühl, dass Sie etwas auf sie abwälzen wollen, das eigentlich Ihre Aufgabe wäre.

Bieten Sie stattdessen ein paar Malnachmittage für Kinder und Eltern an. Sprechen Sie dafür extra die Eltern an, deren Kinder besonders üben müssen. Kopieren Sie ein paar Malvorlagen aus Malbüchern und lassen Sie die Kinder einfach ausmalen und ausprobieren. Zeigen Sie dabei den Eltern, wo die Problematik liegt: falsche Handhaltung, falscher Druck und so weiter. Sie können den jeweiligen Malnachmittag auch unter ein gewisses jahreszeitliches Rahmenthema stellen, wie zum Beispiel Obsternte im Herbst, Halloween oder Laternen im Spätherbst, Weihnachten im Winter und so weiter. Mit einem solchen Nachmittag erreichen Sie mehr als mit Einzelgesprächen, die in der Regel auch eine Menge Zeit beanspruchen.

> Spielen und Wahrnehmen mit allen Sinnen

Ideen, Spiele, Anregungen

Richtige Wahl der Stifte und der Umgebung

So paradox es klingt, die kleinen Hände der Kinder können oft feine und dünne Stifte gar nicht wirklich gut greifen. Schaffen Sie besser dicke Stifte an. Eckige Stifte rutschen nicht so leicht aus der Hand wie runde.

Für den Anfang sind Buntstifte besser. Sie können nicht so leicht abfärben und sind in der Regel ungiftiger als Filzstifte, wenn sie mal in den Mund wandern. Die Minen der Buntstifte drücken sich bei zu starkem Druck auch nicht nach innen. Das einzige Problem entsteht, wenn die Stifte auf die Erde fallen. Dann brechen die Minen auch beim Anspitzen immer wieder ab. Sie sollten den Kindern diese Tatsache erklären und gerade die Kleinen werden besonders vorsichtig sein.

Wenn Sie Filzstifte für die ersten Malversuche nehmen, dann achten Sie darauf, dass sie möglichst dick sind und gesundheitlich unbedenklich.

Erklären Sie den Kindern von Anfang an, dass es für das Malen bestimmte Plätze gibt und auch nur dort gemalt werden soll. Tische, Stühle, der Fußboden und auch ihre eigene Kleidung müssen geschützt werden. In Ihrer Einrichtung sollten daher auch Malunterlagen und mehrere Malkittel vorhanden sein.

Normalerweise setzen sich die Kinder mit einem Stuhl an den Maltisch. Das ist aber nicht die einzige Möglichkeit. Ebenso können Kinder sitzend oder stehend an einer Staffelei malen. Manche Kinder lieben es auch, auf dem Bauch liegend (mit Malunterlage!) zu malen. An Tischen und Stühlen müssen die Kinder in der Schule noch lange genug arbeiten.

Richtige Stifthaltung

Helfen Sie den Kindern, die Stifte richtig zu halten. Der Stift wird im Pinzettengriff zwischen Daumen und Zeigefinger genommen. Dabei ist es egal, ob ein Kind mit der linken oder der rechten Hand arbeitet.

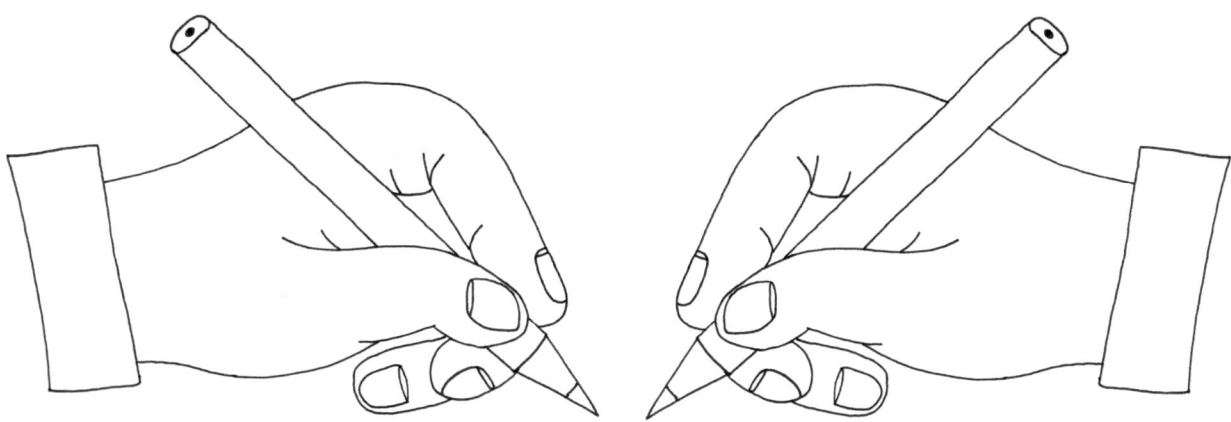

Der Mittelfinger stützt den Stift von der Seite ab. Das können Sie mit den Kindern üben, wenn Sie ihnen Holzstäbchen geben. Die Kinder nehmen die Holzstäbchen in beide Hände und „malen" mit ihnen in der Luft herum, „malen" im Sand weiter oder rühren damit Wasser um.

Erste Malversuche

Erste Malversuche müssen nicht zwingend mit einem Stift durchgeführt werden. Vorher kann auch mit dem Finger „gemalt" werden. Dabei wird nur der Zeigefinger benutzt. (Beim Malen und Schreiben mit einem Stift ist der Stift die Verlängerung des Zeigefingers, Daumen und Mittelfinger sind zum Abstützen des Stiftes da.)

Eine gute Vorübung stellt das Malen mit Fingerfarben dar. Denken Sie daran, den Kindern Malkittel anzuziehen, da leicht etwas danebengehen kann.

Die Kinder können große Blätter Papier bemalen. Geben Sie den Kindern Figuren vor, die sie anmalen können. Bitten Sie die Kinder auch, die Umrisslinien mit einem Finger nachzumalen.

Wenn Sie bunte Fenster im Kindergarten haben möchten, lassen Sie doch die Fenster von den Kindern passend zur Jahreszeit bemalen. Decken Sie vor dem Malen den Bereich unterhalb der Fenster mit Wachstuch oder Zeitungspapier ab, damit es keine Flecken auf dem Fußboden gibt. Und wenn Ihnen die Dekoration nicht mehr gefällt? Teilweise lässt sich die Farbe einfach abziehen. Die Reste können Sie ganz einfach mit Wasser von den Fenstern entfernen.

Erste Malversuche mit Stiften

Geben Sie den Kindern zunächst einfaches weißes Papier, auf dem sie nach Belieben kritzeln können. Als Nächstes bekommen die Kinder Bilder zum Ausmalen. Dafür können Sie sich einen Vorrat an kopierten Blättern anlegen oder Sie basteln sich Schablonen aus Pappe (zum Beispiel Tiere), die Sie immer wieder verwenden können. Die Vorlagen dafür können Sie sich aus Büchern oder Zeitschriften kopieren.

Korrekturen, Kritik und Anregungen

Kinder sind in der Regel sehr stolz auf das, was sie gemalt haben. Auch wenn auf dem Blatt nur sehr wenig zu sehen ist. Loben Sie zu Beginn die Kinder für jeden Strich. Setzen Sie die Anforderungen, die Sie den Kindern gegenüber stellen, mit der Zeit immer ein wenig höher. Zunächst sollen die Kinder überhaupt etwas auf das Papier bringen. Dann versuchen sie, den Platz auf dem Blatt besser auszufüllen. Als nächsten Schritt sollten die Kinder einfache vorgegebene Formen ausmalen, dann selbst Formen zeichnen. Die Formen werden immer komplizierter und die Kinder malen immer genauer aus.

Diese unterschiedlichen Entwicklungsstufen können schnell aufeinanderfolgen, aber auch sehr lange dauern. Setzen Sie die Kinder nicht unter Druck, sondern loben sie für kleine Fortschritte und machen sie durch interessante Malangebote immer wieder auf neue Übungen neugierig.

Geben Sie Kindern, die auf verschiedenen Entwicklungsstufen stehen, unterschiedliche Aufgaben.

Stellen Sie die Ergebnisse der Kinder aus. Besonders schön ist es, wenn Sie ein paar Worte dazu schreiben und über die Bilder hängen.

MIT STIFTEN UMGEHEN

Da Sie die Blätter entweder gleich den Kindern mitgeben, wenn Sie sie abnehmen, oder sie in Mappen für die Kinder sammeln, versteht es sich von selbst, dass die Namen auf den Blättern vermerkt werden. Zusätzlich ist ein Vermerk des Datums von Vorteil, damit man später sieht, welche Fortschritte die Kinder gemacht haben.

Vorschläge für Bilder im Kindergarten

Alle Arbeiten können auf DIN-A4-Papier ausgeführt werden. Dieses Format eignet sich auch am besten zum Aufhängen im Gruppenraum, in der Garderobe oder im Flurbereich. Die folgende Auswahl soll nur ein paar Ideen liefern. Ihnen fällt bestimmt noch viel mehr dazu ein. Oft entstehen Ideen auch einfach aus der Situation heraus.

- *Meine Hände:* Sie umfahren die Hände der Kinder oder die Kinder tun dies je nach Können und Fähigkeiten selbst. Dabei werden die meisten Kinder merken, dass sie mit einer Hand viel besser zeichnen können als mit der anderen.
  Die Handumrisse werden im Anschluss von den Kindern angemalt. Jüngere und ungeübtere Kinder kritzeln nur ein wenig auf dem Papier herum, ohne sich dabei an die Umrandungen zu halten. Die größeren und geübteren Kinder sollten die Hand schon weitestgehend ausmalen können.

- *Mein Kindergarten:* Kindern fällt es leicht, ihre direkte Umgebung zu malen. Lassen Sie sie doch einfach mal malen, wie sie ihren Kindergarten sehen. Manches hat auf den ersten Blick vielleicht gar nicht so viel Ähnlichkeit mit der Realität, doch auf den zweiten Blick werden Sie sicher Erstaunliches erkennen.

- *Blumen:* Blumen sind ein klassisches Motiv und eigentlich auch einfach zu malen. Wenn man detailgetreu arbeitet, ist das Malen von Blumen aber sehr schwierig. Für den Anfang ist es für die Kinder schon eine Leistung, auf jeden Stängel, den Sie ihnen vormalen, einen einfachen Punkt oder eine Kreisform zu zeichnen. Schwieriger wird es, wenn die Kinder die Blüte ausmalen sowie Blütenblätter und Blätter herausarbeiten sollen. Eine weitere Steigerung ist es, dazu Gras, Wolken und so weiter zu malen.

- *Wasser mit Booten oder Fischen:* Lassen Sie die Kinder einen See mit viel blauer und grüner Farbe malen. Dazu können Sie den Kindern einfache Boote oder Fische vormalen. Die Kinder freuen sich darüber und ihre Kunstwerke sehen in ihren Augen noch besser aus. Sicher werden die Kinder Sie nachahmen und selbst ihren See ausschmücken.

- *Weitermalen:* Schneiden Sie aus Katalogen und Zeitschriften Dinge aus, die aus der Lebenswirklichkeit der Kinder stammen und sie interessieren könnten. Legen Sie diese Dinge so aus, dass die Kinder daraus auswählen können. Danach kleben Sie ihnen das ausgewählte Motiv auf. Die Kinder können um das Bild herummalen und etwas dazumalen. Selbst wenn die Kinder nur kritzeln, wird das Ergebnis interessant aussehen.

- *Mandalas:* Sie sind sehr beliebt bei Kindern. Im Internet finden Sie eine Menge davon (zum Beispiel unter www.kidsweb.de). Aber die Kinder können auch sehr gut eigene einfache Mandalas malen, zum Beispiel mit Tieren oder passend zur jeweiligen Jahreszeit. Sie können den Kindern die Kreisform vorgeben, indem Sie einen Kreis mit dem Zirkel aufzeichnen. Natürlich müssen die Kunstwerke der Kinder noch nicht symmetrisch sein! Aber vielleicht möchten Sie den Kindern ja zeigen, dass die Mitte des Kreises besonders hervorgehoben werden kann, etwa durch eine Sonne oder eine Blume.

FRÜHSTÜCKEN

Gesundheit und Ernährung verstehen lernen

ZUM THEMA

In vielen Familien wird morgens nicht gemeinsam gefrühstückt. Oft geht es aus organisatorischen Gründen nicht, da eine Person eher aus dem Haus muss und die anderen noch ein wenig länger schlafen können. Manche Kinder frühstücken auch gar nicht zu Hause, da sie schon sehr früh in den Kindergarten müssen. Oder die Kinder schlafen so lange, das sie einfach keine Zeit mehr zum Frühstücken haben. Wieder andere Kinder haben schon ausführlich zu Hause gefrühstückt und haben deshalb überhaupt keinen Hunger mehr, wenn sie in die Einrichtung kommen.

Die Kinder bringen also die unterschiedlichsten Voraussetzungen mit. Außerdem haben sie verschiedene Essgewohnheiten. Einige Kinder können beim Eintritt in den Kindergarten noch gar nicht selbstständig essen. Für Sie ist es also nicht einfach, das alles unter einen Hut zu bringen.

HILFEN DURCH ELTERN

Gestalten Sie einen Nachmittag im Jahr, an dem Sie mit den Eltern darüber reden, wie Sie in Ihrer Einrichtung das Frühstück handhaben und warum. Erzählen Sie den Eltern auch, dass Sie deren Hilfe benötigen. Einerseits geben die Eltern ja den Kindern die Speisen mit und manches finden Sie vielleicht nicht sinnvoll (wie etwa Milchschnitten oder Schokopudding). Außerdem können die Eltern ihnen helfen, etwas über die Gewohnheiten der Kinder zu erfahren. Haben die Kinder schon zu Hause gefrühstückt oder nicht? Brauchen Kinder, die später kommen, in der Einrichtung noch ein zweites Frühstück? Umso besser Sie darüber Bescheid wissen, desto eher wird es Ihnen gelingen, die Eltern und Kinder bei einer „Frühstückskultur" zu unterstützen.

Sie können auch die Eltern bitten, abwechselnd ein gemeinsames gesundes Frühstück mit vorzubereiten. Dabei können Sie ihnen zeigen, wie man schnell und mit wenig Aufwand ein gesundes Frühstück zubereiten kann.

Spielen und Wahrnehmen mit allen Sinnen

IDEEN, SPIELE, ANREGUNGEN

Frühstückskultur

Machen Sie sich zunächst einmal Gedanken darüber, wie Sie das Frühstück in Ihrer Einrichtung organisieren und ob Sie vielleicht etwas daran ändern möchten.

Zu den unten aufgeführten verschiedenen Möglichkeiten sind jeweils einige Vor- und Nachteile angegeben. Dabei kommt es nicht darauf an, wie viele Argumente dafür oder dagegen sprechen, sondern welche Gewichtung sie für Sie haben und wie sie sich auf Ihre Einrichtung auswirken.

Individuelles Frühstück in einem extra Raum

Wenn Sie in Ihrer Einrichtung eine Person haben, die zur Beaufsichtigung des Frühstücks bereitsteht, dann ist dies eine Möglichkeit. Die Kinder, die hungrig sind, gehen mit ihrer Tasche in den Frühstücksraum oder die Cafeteria. Dort holen sie sich einen Teller und eine Tasse und beginnen zu essen. In den meisten Einrichtungen hat sich folgende Lösung bewährt: Die Betreuungsperson, die selbst frühstücken möchte, beaufsichtigt die Kinder beim Essen.

Falls Sie in Ihrem Frühstücksraum genügend Platz haben, dann können die Kinder frühstücken, wann sie wollen. Ein Problem kann bei dieser Lösung sein, dass Sie nicht unbedingt den Überblick behalten, wer zum Frühstück geht und wer noch nicht gefrühstückt hat.

Haben Sie nicht genügend Platz, dann müssen Sie die Kinder einteilen.

Legen Sie auf jeden Fall eine Zeit fest, zu der das Frühstück beendet sein muss, denn sonst laufen den ganzen Morgen über immer wieder Kinder zum Frühstücken oder andere kommen nicht wieder zurück.

Vorteile:
- Das Frühstück nimmt keinen Platz in der Gruppe ein.
- Es ist für die Kinder immer ein Erlebnis, in den Frühstücksraum oder die Cafeteria zu gehen.
- Die Kinder aus verschiedenen Gruppen lernen sich kennen.
- Nur eine Erzieherin (im Wechsel) aus den verschiedenen Gruppen führt Aufsicht.

Nachteile:
- Es muss immer jemand im Frühstücksbereich sein.
- Gerade kleine Kinder finden sich nicht so leicht zurecht.
- Man kann leicht den Überblick darüber verlieren, wer schon gefrühstückt hat.

Individuelles Frühstück in der Gruppe

In einer Ecke des Gruppenraums können die Kinder in kleinen Gruppen in einem vorgegebenen Zeitraum essen. Meistens steht das Geschirr dafür auf einem Wagen zur Verfügung. Die Kinder dürfen sich nacheinander auf einen freien Platz setzen, sich den Tisch decken und dort gemeinsam essen.

Vorteile:
- Die Kinder müssen nicht aus der Gruppe gehen.
- Es geht dadurch schneller.
- Sie behalten besser den Überblick.

Nachteile:
- Eine Kollegin ist in der Gruppe längere Zeit mit dem Frühstück beschäftigt.
- Das Frühstücksgeschehen passiert in der Gruppe.
- Dadurch verlieren Sie Platz und Zeit.

Gemeinsames Frühstück

Zu einem bestimmten Zeitpunkt holen alle Kinder ihre Frühstückstaschen und es wird gemeinsam in der Gruppe gegessen. Einzelne Kinder haben Tischdienst und decken für alle den Tisch. Dazu kann ein Lied gesungen werden und/oder alle Kinder wünschen sich einen guten Appetit. Das Frühstück wird gemeinsam begonnen und gemeinsam beendet. Danach räumt ein Tischdienst den Tisch wieder ab.

Vorteile:
- Alle Kinder essen gemeinsam.
- Es essen wirklich alle Kinder, denn dem Gruppenzwang können sich nur wenige entziehen.
- Sie können besser auf Tischmanieren eingehen.
- Der Tagesablauf ist geregelt und läuft immer gleich ab.

Nachteile:
- Sie verlieren eine Menge Gruppenzeit dadurch.
- Alle Kinder haben zu unterschiedlichen Zeiten Hunger und sie können nicht auf individuelle Bedürfnisse eingehen.

Gemeinsam vorbereitetes Frühstück

Ein besonderes Highlight ist es für Kinder, ihr eigenes Frühstück gemeinsam mit der Erzieherin und den anderen Kindern herzustellen. Geben Sie den Kindern die Möglichkeit auszuprobieren, was ihnen schmeckt und was sie gern essen möchten. Aus Zeitgründen können Sie das wohl nicht jeden Tag machen. Es reicht auch, wenn sie es einmal im Monat in der Gruppe durchführen. Oder man führt im ganzen Kindergarten einen Frühstückstag in der Woche ein, wobei immer unterschiedliche Kinder in die Vorbereitung miteinbezogen werden. Legen Sie Wert auf ein gesundes Frühstück! Dazu gehört selbstverständlich Obst. Da aber nicht alle Kinder Obst mögen, bieten Sie auch andere gesunde Speisen an. Gut eignen sich zum Beispiel bunte Gemüsesticks mit leckeren Dips.

Dabei stellt sich die Frage der Finanzierung. Sammeln Sie für dieses Frühstück einen kleinen Betrag ein. Dieser sollte monatlich zwischen einem und vier Euro liegen, je nachdem, wie oft Sie frühstücken. Rechnen Sie damit, dass einzelne Eltern nicht zahlen werden. Sprechen Sie dieses Thema auf Elternabenden an, ohne Namen zu nennen, und erinnern Sie die Eltern immer wieder an das Geld.

Hängen Sie vorher einen Zettel mit den Speisen aus, die Sie anbieten möchten. Vereinbaren Sie mit den Eltern, dass Kinder, die eine Sache absolut nicht mögen, eine Kleinigkeit selbst mitbringen dürfen und, nachdem sie das gemeinsame Essen probiert haben, ihr eigenes Essen verzehren können.

Vorteile:
- Es macht den Kindern viel Spaß, das Frühstück selbst vorzubereiten.
- Die Kinder können mitbestimmen, was zubereitet werden soll.
- Sie können den Kindern ein gesundes Frühstück näherbringen.

Nachteile:
- Es wird viel Zeit für die Vorbereitung benötigt.
- Das Einsammeln des Geldes kann mühsam und problematisch sein.
- Nicht immer treffen Sie mit Ihrer Auswahl den Geschmack aller Kinder.

Getränke

Kinder trinken häufig viel zu wenig. Bieten Sie Ihnen die Möglichkeit, in Ihrer Einrichtung ausreichend zu trinken. Zum Frühstück muss unbedingt immer etwas zum Trinken bereitstehen. Folgende Getränke eignen sich gut: Ungesüßter Früchtetee, Mineralwasser, mit Mineralwasser verdünnte Fruchtsäfte (zum Beispiel Apfelschorle), eventuell auch Milch. Bei Milch ist zu beachten, dass sie einen hohen Nährwert hat.

Meiden Sie stark gesüßte Getränke. Diese regen Kinder zu einem zu hohen Zuckerkonsum an.

Auch nach dem Frühstück sollten die Kinder immer die Möglichkeit haben, etwas zu trinken, wenn sie Durst verspüren. Lassen Sie dafür in einer Ecke die Becher stehen.

Tischkultur

Kinder müssen sich an bestimmte Tischsitten halten. Je eher sie diese lernen, desto einfacher ist es für sie, diese zu behalten. Die folgenden Tischsitten können Sie an die Gegebenheiten in Ihrer Einrichtung anpassen.

1. Vor dem Essen müssen die Hände gewaschen werden.
2. Jedes Kind holt sich sein Geschirr selbst und stellt es auf den Tisch.
3. Über Essen von anderen wird nicht schlecht geredet.
4. Mit Essen im Mund wird nicht geredet.
5. Die Hand, mit der nicht gegessen wird, wird auf den Tisch gelegt.
6. Mit dem Essen wird nicht gespielt.
7. Nach dem Essen wird der Platz wieder so verlassen, wie er vorher war.
8. Hände und Mund werden nach dem Essen gewaschen.

Bei den meisten Kindern werden Sie diese Verhaltensweisen nicht alle auf einmal erreichen. Kinder ahmen viel nach und im Kindergarten sind Sie ihr Vorbild! Das bedeutet, dass Sie sich auch an die Regeln halten müssen. Es ist nötig, die Kinder immer wieder auf die Regeln hinzuweisen. Sie brauchen die Kinder dazu nicht zu kritisieren, stellen Sie einfach klar, wie es gemacht wird. Also sagen Sie nicht: „Du hast schon wieder vergessen, deine Hände zu waschen!" Sondern formulieren Sie: „Denke bitte daran, dass wir uns immer vor dem Essen die Hände waschen."

Wenn ein Kind schlecht über das Essen eines anderen Kindes redet, dann weisen Sie es gesondert darauf hin, ohne dass die anderen Kinder dies mitbekommen. Verfahren Sie genauso beim 6. Punkt. Sprechen Sie mit allen zu oft über die schlechten Verhaltensweisen mancher Kinder, dann kommen manche überhaupt erst auf die Idee, dies auch so zu tun.

Im Anschluss finden Sie Piktogramme zu den einzelnen Regeln. Diese können Sie (größer) kopieren, mit den Kindern besprechen, sie anmalen lassen und dann in der Ecke aufhängen, in der gegessen wird. Die Piktogramme können für das Frühstück und das Mittagessen verwendet werden.

Frühstücken

Ideen für ein gesundes Frühstück

- *Quarkspeise:* Früchte, Quark und Milch oder Sahne werden miteinander verrührt. Wenn die Früchte zu sauer sein sollten, dann können Sie mit ein wenig Honig süßen.
- *Brotspieße:* Auf Holzspieße werden Brotstücke, Bananen, Weintrauben, Käse, Wurststückchen, Tomaten, Kohlrabi, Gurken … aufgespießt.
- *Pellkartoffeln mit Kräuterquark:* Kochen Sie Kartoffeln in reichlich Salzwasser. Verrühren Sie Quark mit etwas Milch, Salz, Pfeffer und verschiedenen Kräutern. Sie können auch klein geschnittene Gurken hinzufügen.

Guten Appetit!

Bücher:

Dagmar von Cramm: So schmeckt es Kindern. Das große GU Kochbuch, Gräfe und Unzer, 2009.

Doris Fritzsche: Das Frühstücksbuch für Kids, Ulmer Verlag, 2006.

Farben kennen

Gezielt auf die Schule vorbereiten

Zum Thema

Einige Kinder können schon sehr früh die Farben erkennen, da in vielen Familien schon bald darüber gesprochen wird. Andere haben überhaupt keinen Bezug dazu. Interessant ist es auch, bei Kindern zu beobachten, dass sie zwar Farben erkennen und unterscheiden können, sie aber nicht so benennen, wie wir das kennen. Stattdessen holen sie sich Hilfen und nennen eine Farbe nach einem Ding, das etwas damit zu tun hat. Ermutigen Sie die Kinder ruhig dazu. Eine lustige Geschichte zeigt, dass es den Kindern zunächst gar nicht unbedingt wichtig ist, die richtigen Namen der Farben zu finden. Ein Dreijähriger benannte die Farben nach den Teletubbies. Einer Erzieherin passte das überhaupt nicht und sie zeigte ihm einen Rennwagen. „Schau mal, der ist rot! Rot wie Ferrari." Eine kurze Zeit später hörte man dann diesen Dreijährigen laut und deutlich nach dem Becher in der Ferrarifarbe fragen.

Kinder gehen schon sehr früh mit den Farben um. Es dauert aber länger, bis sie aktiv die Farbbezeichnungen benutzen und diese Gegenständen zuordnen können. In unserem Alltag haben Farben eine große Bedeutung, man denke nur an die Ampel. Deshalb ist es wichtig, dass Kinder sobald wie möglich aktiv mit den Farben umgehen können.

Beginnen Sie bei allen der folgenden Übungen zunächst mit den Grundfarben Rot, Gelb und Blau, danach nehmen Sie Schwarz, Weiß und Braun hinzu. Erweitern Sie die Farben dann durch die Mischfarben Grün, Violett und Orange.

Falls Sie das Gefühl haben, dass eine Farbfehlsichtigkeit bei einem Kind vorhanden ist, sprechen Sie die Eltern darauf an, damit diese einen Arzttermin vereinbaren können. Sehr selten kommt es vor, dass ein Kind komplett farbenblind ist oder eine Gelb-Blau-Schwäche hat. Häufiger tritt dagegen die sogenannte Rot-Grün-Blindheit auf. Ungefähr 9 Prozent der Jungen und 0,8 Prozent der Mädchen sind davon betroffen. Eigentlich wird dies bei den Vorsorgeuntersuchungen beim Kinderarzt durch Tests abgeklärt, aber auch dabei können Fehler passieren. Wenn Eltern keinen Arzt aufsuchen wollen, dann wenden Sie sich an die Schulärztin, wenn sie in Ihrer Einrichtung Untersuchungen durchführt. Therapiert werden können diese Farbfehlsichtigkeiten zwar nicht, jedoch kann man den Kindern Hilfen an die Hand geben, zum Beispiel, dass sie die Ampellichter nach der Anordnung unterscheiden.

Hilfen durch Eltern

Für die Eltern ist ihr Kind zunächst ein Wesen, das nicht sprechen kann und die Welt nur sehr langsam begreift. Mit der Zeit lernt es dazu. Auch die Eltern müssen lernen, dass sie von ihrem Kind mehr erwarten dürfen, es fördern und fordern können. Eine große Hilfe ist es, wenn die Eltern ihrem Kind immer wieder Farben nennen. Zum Beispiel können Eltern beim Abtrocknen nach dem Baden das Handtuch mit der Farbe benennen oder beim Anziehen dem Kind die Wahl lassen, ob es einen roten oder blauen Pullover anziehen möchte. Wenn die Eltern im Alltag mit ihrem Kind reden, sollten sie so lange betont die Farben einfließen lassen, bis das Kind diese erkennt und fehlerfrei benennen kann. Das Malen mit Buntstiften oder anderen Farbstiften und der Umgang mit Knetmasse zu Hause eignet sich selbstverständlich ideal dazu, Kindern die Farben näherzubringen.

Händigen Sie den Eltern eine Liste mit Büchern und Spielen aus (siehe S. 32), die sie mit ihrem Kind spielen können. Ein spezieller Nachmittag für Eltern und Kinder im Alter zwischen 2 und 3 Jahren, an dem Sie oder die Eltern vorlesen und mit den Kindern gemeinsam spielen, ist ebenfalls eine gute Möglichkeit. Je nachdem, wie die Eltern mit dem Spielzeug und den Büchern aus Ihrer Einrichtung umgehen, können Sie die Spiele und Bücher auch ausleihen.

Ideen, Spiele, Anregungen

Kneten

Lassen Sie die Kinder mit Knetmasse spielen und reden Sie mit ihnen darüber. Fragen Sie sie, welche Farben sie verwenden und was sie daraus kneten möchten. Selbst wenn die Kinder die Farben anders benennen, etwa nach Figuren aus den Medien, die diese Farben haben, ausländische Namen nehmen, die Sie nicht verstehen, oder Ähnliches, dann erkennen Sie trotzdem, ob die Kinder die Farben begriffen haben.

Fordern Sie die Kinder auf, etwas zu kneten, zum Beispiel eine Banane, eine Blume mit einer roten Blüte, ein Ei und so weiter. Lassen Sie dabei die Kinder die Farben, die sie nutzen wollen, zeigen und benennen. Wenn Fehler passieren, fordern Sie die Kinder auf, ihr Gesagtes zu überdenken. Kommen sie dann zu keiner anderen Lösung, sagen Sie ihnen die richtige.

Sie können auch die Dinge, die geknetet werden sollen (zum Beispiel eine Banane, einen Apfel …), als reale Gegenstände bereitstellen und nach der Arbeit zur Kontrolle neben die gekneteten Dinge legen.

Den Kindern macht das Kneten so viel Spaß, dass es ihnen gar nicht bewusst ist, dass sie dabei die Verwendung der Farben geübt haben.

Pustebilder

Sie benötigen für diese Bilder Wasserfarbe, Wasser, Papier, einen Strohhalm und einen Pinsel.

Mit dem Pinsel wird reichlich flüssige Farbe in einem Punkt auf das Papier aufgetragen. Mit dem Strohhalm werden diese Farben dann verpustet.

Geben Sie einfach die Farben vor, die die Kinder nehmen sollen. Wahrscheinlich müssen Sie gar nichts sagen, wenn ein Kind eine falsche Farbe benutzt, denn die anderen Kinder werden es schon darauf aufmerksam machen.

Danach dürfen die Kinder abwechselnd Farben nennen, die die anderen Kinder und auch Sie für ein Pustebild nehmen müssen.

Malen nach Farben

Malbücher sind extrem ergiebig. Geben Sie den Kindern (kopierte) Bilder daraus und lassen Sie die Bilder nach Ihrer Anweisung anmalen. Sind die Kinder schon weiter fortgeschritten, dann können Sie die Kinder auch erst malen lassen und dann mit ihnen über das Bild reden.

Es gibt auch Malbücher, in denen die Bilder doppelt vorkommen. Auf einer Seite sind sie farbig zu sehen, auf der anderen Seite sollen die Kinder sie identisch anmalen.

Ich sehe was, was du nicht siehst

Dieses alte und einfache Spiel ist sehr gut für das Farbenlernen geeignet. Es fördert die Beobachtungsgabe der Kinder und ihr Sprachvermögen. Je nach dem (sprachlichen) Können der Kinder geben Sie die Dinge vor, die Sie sehen, und lassen dann die Kinder raten. Oder die Kinder beschreiben selbst die Dinge. Beschränken Sie sich am Anfang auf großflächige Dinge, an denen man die gesuchte Farbe deutlich sehen kann (zum Beispiel eine braune Tür).

Alle Kinder, die rote Schuhe haben ...

Diese Übung können Sie am besten in der Turnhalle oder in einem großen Raum durchführen. Alle Kinder stellen sich in einem Kreis auf.

- *Variante 1:* Ein Kind oder eine Erzieherin steht in der Mitte. Die Person in der Mitte muss etwas vormachen, das alle Kinder nachmachen müssen, die Kleidungsstücke in einer bestimmten Farbe tragen, zum Beispiel alle Kinder mit roten Schuhen, einem grünen Pulli, mit etwas Schwarzem an der Hose und so weiter. Nach einiger Zeit wird gewechselt.
- *Variante 2:* Diese Spielvariante ist eher für Kinder ab vier Jahren geeignet. Wieder muss eine Person in der Mitte stehen und eine Farbe und ein Kleidungsstück benennen. Alle Kinder, die das Genannte anhaben, müssen ihren Platz verlassen und sich einen neuen Platz suchen, den ein anderes Kind zuvor verlassen hat. Das Kind aus der Mitte muss sich auf einen der frei werdenden Plätze stellen, sodass zum Schluss ein anderes Kind in der Mitte steht.

Stille Post

Die Kinder stehen in einem Kreis. Ein Kind beginnt und flüstert seinem Nachbarn eine Farbe ins Ohr, dieser sagt sie weiter. Das letzte Kind sagt die Farbe nicht laut, wie es beim ursprünglichen Spiel der Fall ist, sondern sucht sich einen Gegenstand in dieser Farbe, den es in die Mitte legt. Sie können auch eine Kiste mit kleinen Teilen bereitstellen, aus der die Kinder einen Gegenstand aussuchen können. Nun darf das Kind, das den Gegenstand hingelegt hat, die nächste Farbe wählen.

Bunte Luftballons

In die Turnhalle werden viele Luftballons in unterschiedlichen Farben gelegt. Jedes Kind darf sich einen Ballon aussuchen. Lassen Sie Musik laufen, zu der sich die Kinder bewegen dürfen. Wenn Sie die Musik ausschalten, müssen sich die Kinder, die einen Luftballon in derselben Farbe haben, zusammenfinden. Danach werden die Luftballons hochgeworfen und jedes Kind sucht sich einen neuen Ballon. Das Spiel kann noch mehrfach wiederholt werden.

Farben beschreiben

Die Kinder sitzen oder stehen in einem Kreis. Sie haben einen Ball oder einen Luftballon, den sie sich zurollen oder zuwerfen. Dabei stellt das Kind, das den Ball wirft oder rollt, die Frage: „Was ist grün?" Das Kind, das den Ball annimmt, muss dann etwas benennen, was diese Farbe hat. In diesem Fall sollte also die Antwort lauten: „Ein Frosch ist grün." Oder: „Das Gras ist grün."

Bücher und Spielideen

Bücher:

Jutta Bauer: Die Königin der Farben, Beltz Verlag, 16. Auflage, 2013.
Das Buch erzählt die Geschichte einer Königin, die mit den Farben spielt, diese ruft und vermischt.
Die Farben stehen also im Mittelpunkt. Es enthält auch Seiten zum Anmalen.
Als Taschenbuch ist das Buch günstiger. Zum Buch gibt es auch eine Musik-CD und ein Spiel.

Leo Lionni: Das kleine Blau und das kleine Gelb, Oetinger Verlag, 1962.
Das kleine Blau und das kleine Gelb wollen miteinander spielen. Als sie sich treffen, freuen sie sich so darüber, dass sie sich umarmen und dabei beide ganz grün werden.

Edith Schreiber-Wicke/Carola Holland: Als die Raben noch bunt waren, Thienemann Verlag, 2005.
Früher waren die Raben nicht schwarz, sondern bunt, so bunt wie Gedanken. Doch als sich die Raben ihrer unterschiedlichen Federfarben bewusst werden, zerstreiten sie sich. Bis eines Tages ein ganz besonderer Regen kommt und alle Raben einheitlich schwarz färbt.

David McKee: Elmar, Thienemann Verlag, 2004.
Der Elefant Elmar ist nicht grau wie alle anderen Elefanten, sondern bunt. Genauso viele Farben, wie er auf seinem Körper hat, so viele tolle Ideen hat er in seinem Kopf.

Sabine Cuno/Monika Neubacher-Fesser: Kennst du alle Farben? Ravensburger ministeps, 2013.
Viele Dinge in einer Farbe sind auf einer Seite zusammengefasst. Dazu gibt es Klappen, hinter denen die Kinder Neues entdecken können.

Natürlich eignet sich auch jedes andere Buch, das die Kinder interessiert. Die Farben können bei jedem Gegenstand benannt werden.

Spiele:

Colorama, Ravensburger, 2006.
Für 1–6 Kinder ab drei Jahren, Spieldauer ca. 20 Minuten.
Spiel zum Erkennen und Zuordnen von Farben und Formen.

Der schwarze Pirat, Haba, 2006.
Für 2–4 Kinder ab drei Jahren unter Anleitung, Spieldauer ca. 20 Minuten.
Von Insel zu Insel segeln die Seefahrer über das Meer. Immer wieder nimmt der schwarze Pirat Kurs auf ihre mit Schätzen beladenen Schiffe. Nur wer sein Schiff geschickt mit dem Blasebalg steuert, kann dem schwarzen Piraten entkommen und die meisten Goldmünzen gewinnen. Ganz nebenbei werden die Farben geübt.

Quips, Ravensburger, 2006.
Für 1–4 Kinder ab zwei Jahren, Spieldauer ca. 15 Minuten.
Die Kinder erhalten Legetafeln, die sie mit Holzsteinen in den richtigen Farben bestücken müssen. Das Erkennen von Formen ist nicht notwendig. Mit diesem Spiel können auch die Mengen von 1- 6 gelernt werden.

Zur Toilette gehen

Gesundheit und Ernährung verstehen lernen

Gezielt auf die Schule vorbereiten

Zum Thema

Heute sieht man das Thema zum Glück nicht mehr ganz so streng wie früher und die Kinder dürfen trocken werden, wann sie es von sich aus möchten. Der richtige Zeitpunkt dafür liegt meistens zwischen dem zweiten Geburtstag und einem halben Jahr nach dem dritten Geburtstag. Die meisten Kinder schaffen es kurz vor dem dritten Geburtstag. Vieles geschieht durch Nachahmung und so werden Kinder, die mitbekommen, dass andere Kinder zur Toilette gehen, häufig sehr schnell trocken.

Die Eltern der „Wickelkinder" sind verantwortlich, dass ausreichend Windeln und Reinigungstücher vorhanden sind. Sie können zum Beispiel an die Haken der Kinder eine Stofftasche, die mit Windeln und Feuchttüchern gefüllt wird, hängen. In vielen Einrichtungen ist es auch so, dass im Bad neben dem Wickeltisch ein Regal aufgehängt ist, in das die Windeln nach Namen geordnet sortiert werden.

Für Kinder, die gerade trocken werden, eignen sich am besten Windeln, die man einfach hochziehen kann. Der Gang zur Toilette wird für die Kinder zudem viel einfacher, wenn sie Kleidung tragen, die leicht an- und auszuziehen ist.

Manche Kinder müssen immer wieder an den Gang zur Toilette erinnert werden, andere denken selbst daran. Manche Kinder merken es erst im letzten Augenblick, wieder andere haben noch viel Zeit.

Hilfen durch Eltern

Die Eltern spielen gerade beim Sauberwerden der Kinder eine extrem große Rolle. Jedes Kind ist unterschiedlich und hat ein anderes Empfinden für sich und seinen Körper. Selbst Geschwister können sich hierbei total unterschiedlich verhalten. Die Eltern sollten ihren Kindern genug Zeit lassen und nicht versuchen, etwas zu erzwingen. Sie dürfen ihre Kinder nicht unter Druck setzen, denn das bewirkt oft das genaue Gegenteil. Auf der anderen Seite dürfen Eltern es auch nicht einfach als gegeben hinnehmen, dass ihre Kinder Windeln tragen. Die Kinder sollten nicht nur deshalb weiter Windeln tragen, weil es bequemer ist – auch nicht in Ausnahmefällen. Die Windeln sollten, gerade wenn die Kinder älter werden, häufiger gewechselt werden. Dadurch lernen die Kinder, dass es nicht normal ist, mit einer dreckigen oder feuchten Windel herumzulaufen. Den meisten Kindern ist das auch unangenehm.

Komplizierte Verschlüsse, wie sie bei Latzhosen oder auch bei manchen Jeans vorkommen, sind für Kinder sehr hinderlich. Wie schon beim Üben des Anziehens erwähnt (siehe S. 9), können Sie das den Eltern dadurch verdeutlichen, indem sie ihnen Handschuhe geben, mit denen sie dann Kleidungsstücke anziehen sollen. Einfacher für die Kinder sind zumindest für die Übergangszeit Jogginghosen oder Hosen mit Gummizug, die die Kinder problemlos hoch- und runterziehen können. Da Röcke nur hochgehoben werden müssen, sind sie für die Mädchen auch sehr praktisch.

Es ist wichtig, dass die Eltern Wechselkleidung zur Verfügung stellen. Selbstverständlich sollten das keine schicken Kleidungsstücke sein. Machen Sie den Eltern auch klar, dass sie nicht mit den Kindern schimpfen sollen, wenn mal etwas daneben geht. Dagegen sollen sie die Kinder immer loben, wenn nichts passiert ist. Das ist viel effektiver, denn manche Kinder wollen die Aufmerksamkeit der Eltern um jeden Preis, auch wenn diese negativ ist. Grundsätzlich ist es besser, sich mit positiven Ereignissen zu beschäftigen als mit negativen. Das gilt auch für die anderen Fertigkeiten, die die Kinder lernen sollen.

Wenn die Kinder in den Kindergarten kommen, prasseln so viele neue Eindrücke sie ein. Es sollte nicht erwartet werden, dass alle Kinder zum Stichtag Kindergarteneintritt sauber sind. Sprechen Sie mit den Eltern ab, wenn Sie mit einem Kind das Toilettentraining durchführen wollen, damit sich nicht die Eltern nicht übergangen fühlen.

Spielen und Wahrnehmen mit allen Sinnen

IDEEN, SPIELE, ANREGUNGEN

Nachahmen

Die Kinder lernen ihre Welt spielerisch und durch Nachahmung kennen. Sie machen das nach, was sie bei anderen Kindern sehen. Damit ist nicht gemeint, dass die Kinder mit anderen gemeinsam auf die Toilette gehen sollen. Aber Sie können mit ihnen darüber reden, zum Beispiel so: „Du, eben war der Paul auf der Toilette. Wollen wir beide nicht auch mal schauen, ob du das schaffst?"

Gehen Sie dabei in kleinen Schritten vor. Beim ersten Mal gehen Sie mit dem Kind nur in den Raum hinein. Beim nächsten Mal lassen sie es in die Toilette schauen, dann setzen sie das Kind darauf und warten mit ihm, ob etwas kommt. Wiederholen Sie die einzelnen Schritte so lange, bis die Kinder bereit sind, sich dem nächsten zuzuwenden.

Toilette, Toilettensitz oder Töpfchen

Der Gang zur Toilette ist eine Übungs- und Trainingssache und hat auch etwas mit Gewohnheit zu tun. Normale Toiletten sind viel zu groß für Kinder. Sie kommen nicht auf die Toiletten, weil sie einfach zu hoch sind, und haben das Gefühl, in die Toilette hineinzurutschen, weil die Öffnung zu groß ist. Außerdem kommen sie nicht an den Spülkasten heran. Trotzdem haben sich viele Kinder an die Toilette zu Hause gewöhnt. Oft werden dort auch Hilfsmittel wie ein Toilettensitz, ein kleiner Hocker oder ein Töpfchen verwendet. Die Kinder werden zunächst überrascht sein, dass es im Kindergarten Toiletten gibt, die perfekt auf ihre Größe zugeschnitten sind. Überzeugen Sie die Kinder von den Vorteilen der Toilette im Kindergarten.

Lassen Sie die Kinder sich zunächst auf eine Toilette mit geschlossenem Deckel setzen. Für Kinder, die sich noch nicht auf die Toilette setzen wollen, können Sie zu Beginn auch ein Töpfchen bereitstellen.

Ein Anreiz für die Kinder, auf die richtige Toilette zu gehen, ist es, wenn Sie ihnen sagen, dass Sie gerne sehen möchten, ob das Kind schon so groß ist, dass es auf die Kindertoilette hinaufkommt. Einige Kinder lassen sich dadurch locken.

Gesellschaft auf der Toilette

Manche Kinder fühlen sich auf der Toilette etwas allein und möchten gern „Gesellschaft" haben. Manchmal hilft es, wenn sie einen Bären oder eine Puppe mitnehmen dürfen, den oder die sie auf ein kleines Spielzeugtöpfchen setzen dürfen.

Toilettenuhr

Manche Kinder sitzen am Anfang sehr lange auf dem Töpfchen oder der Toilette. Andere haben Angst davor, so viel Zeit dort zu verbringen. Zeigen Sie den Kindern, die lernen sollen, auf die Toilette zu gehen, einen kleinen Küchenwecker oder eine Eieruhr. Während die Kinder spielen, vergeht die Zeit wie im Flug. Die Kinder sind erstaunt, wenn Sie ihnen dann zeigen, wie kurz eine Minute ist.

Zeigen Sie den Kindern, dass sie den Wecker genauso lange einstellen, wenn sie auf die Toilette gehen. Nach dieser Zeit dürfen sie sofort wieder von der Toilette kommen, auch wenn es nicht „geklappt" hat. Steigern Sie die Zeit langsam immer um 30 Sekunden, aber auf höchstens fünf Minuten, je nachdem, wie lange es die Kinder aushalten. Zwingen Sie die Kinder auf keinen Fall, zu lange sitzen bleiben zu müssen, sonst verlieren sie das Vertrauen.

Positives Umfeld

Kinder fühlen sich nicht in jeder Umgebung wohl. Ein kalter Raum, in dem es vielleicht auch noch stinkt oder den der Vorgänger nicht sauber gemacht hat, hilft nicht weiter und erzeugt eher ein ungutes Gefühl bei den Kindern.

Sie müssen immer wieder dafür sorgen, dass die Toilette sauber hinterlassen wird, auch wenn das bei 20 oder mehr Kindern in einer Gruppe nicht einfach ist. Kontrollieren Sie die einzelnen Kinder. Schnell werden Sie merken, welche von sich aus die Toilette ordentlich verlassen und welche Sie immer wieder darauf hinweisen müssen. Auf diese Kinder geben Sie besonders Acht, auch wenn das zunächst etwas Zeit kostet.

Lüften Sie regelmäßig, aber immer nur kurz, damit es nicht zu kalt wird. Vielleicht können Sie auch ein paar bunte Bilder an die Türen und Fenster kleben oder von den Kindern mit Fingerfarbe oder Fenstermalfarbe malen lassen.

Einige Kinder haben richtige Angst vor der Toilette. Ihnen ist es unheimlich, dass da ein Abfluss ist, in dem alles verschwindet. Sie stellen sich auch vor, dass etwas aus der Toilette herauskommen könnte. Vielleicht haben sie so etwas in (Zeichentrick)filmen gesehen oder jemand hat sie damit geärgert und nun haben sie einfach Angst.

Sprechen Sie so etwas nie von sich aus an, sondern gehen Sie auf die betreffenden Kinder einzeln zu. Sie können dabei mit Logik vorgehen. Zeigen Sie dem Kind mit einem Stückchen Toilettenpapier, dass das nur in eine Richtung verschwindet und nicht mehr herauskommt. Zeigen Sie dem Kind unten an der Toilette, wie das Rohr in die Wand oder den Boden mündet. Gehen Sie mit dem Kind nach draußen, zeigen ihm den Kanal in der Straße und erzählen ihm, dass das Wasser nur in eine Richtung fließen kann.

Wenn es Ihnen mehr liegt, können Sie die Fantasiegespenster aber auch mit Fantasie verscheuchen. Sagen Sie den Kindern zum Beispiel, dass nie ein Gespenst aus der Toilette herauskommt, wenn man einen kleinen Eimer neben die Toilette stellt, denn dann hat das Gespenst viel zu viel Angst, in diesem Eimer gefangen zu werden. Diesen Trick dürfen die Kinder nicht weitererzählen, dann hilft er ungemein!

Rückfälle

Es gibt Kinder, die sind einige Zeit trocken und haben überhaupt kein Problem damit, auf die Toilette zu gehen. Ganz plötzlich werden dann wieder drei Hosen an einem Vormittag nass. Das ist völlig normal und gibt sich auch wieder. Erklären Sie das auch den Eltern, damit sie sich nicht zu viele Gedanken machen, wenn sie den Berg an Wäsche im Fach des Kindes sehen.

Händewaschen nicht vergessen

Leider denken nicht einmal alle Erwachsenen daran, sich nach dem Gang zur Toilette die Hände zu waschen. Darum ist es wichtig, es den Kindern so früh wie möglich beizubringen. Wenn das Waschen nach dem Gang zur Toilette vergessen wird, können viele Bakterien übertragen werden, gerade bei den kleinen Kindern, die noch Dinge in den Mund nehmen. Bringen Sie den Kindern von Anfang an bei, ihre Hände mit Seife zu waschen. Wichtig ist auch, dass die Kinder ihre Hände gründlich abtrocknen. Eine Untersuchung hat ergeben, dass die Bakterien sich am besten mit Papiertüchern entfernen lassen. Allerdings führt das auch zu viel Müll. Falls Sie Handtücher benutzen, sollte jedes Kind sein eigenes haben. Die Handtücher sollten zudem häufig gewaschen werden.

Lachmännchen

Diese lustigen Gesichter können Sie immer dann einsetzen, wenn ein Kind sich sehr schwer tut, etwas Erwünschtes zu tun, zum Beispiel aufzuräumen, andere nicht zu ärgern oder nicht in die Hose zu machen. Nehmen Sie dazu einfach ein DIN-A4-Blatt und schreiben den Namen des Kindes darauf. Jedes Mal, wenn alles gut gegangen ist, malen Sie dem Kind ein Lachmännchen auf sein Blatt. Schafft das Kind es nicht, wird eben nicht gemalt. Das Kind wird nur positiv bestärkt, den negativen Dingen wird keine Beachtung geschenkt.

Bücher

Zum Thema „Sauberwerden" gibt es viele Bücher, allerdings kommt in den meisten ein Töpfchen vor und keine Toilette.

Sandra Grimm/Clara Suetens: Der kleine Klo-König, Ravensburger, 2006.
Auf seinem Klositz fühlt sich Leon wie auf einem Thron, aber es ist schon ein wenig langweilig.
Doch Leon weiß sich zu helfen! Und dann muss er auch endlich Pipi machen.

Hermien Stellmacher: Moritz Moppelpo braucht keine Windel mehr, Ars Edition, 2010.
Moritz Moppelpo möchte wahnsinnig gerne seine Windel behalten – ist doch viel praktischer!
Da kann man gleichzeitig spielen und Pipi machen. Aber beim Fangenspielen ist er immer der Langsamste.

Nele Moost/Michael Schober: Welcher Po passt auf dieses Klo? Esslinger Verlag, 2009.
Ein Zebra, ein Schwein, ein Bär und weitere Tiere zeigen, auf welches besondere Klo ihr Po am allerbesten passt.
Ganz zum Schluss sitzt ein Kind auf dem Töpfchen.

Bärbel Spathelf/Susanne Szesny: Der kleine Zauberer Windelfutsch oder Wie man seine Windel loswird, Albarello, 1999.
Stefanie freut sich, dass sie in den Kindergarten kommt. Aber bevor es so weit ist, muss sie lernen, ohne Windel auszukommen. Da besucht der kleine Zauberer Windelfutsch sie und bringt ihr seinen kleinen Helfer, die Stabpuppe Fridolin, mit.

Klettverschlüsse, Knöpfe und Reissverschlüsse

Gezielt auf die Schule vorbereiten

Zum Thema

Es ist Turntag, halb 10 Uhr morgens und Sie sind schon völlig fertig. Während ein Kind seine Sporthose über die Jeans quetscht, sucht ein anderes völlig verzweifelt seine Schuhe. Ein Mädchen hat nicht nur seine Hose ausgezogen, sondern steht komplett nackt vor Ihnen und ein Junge wirft die Sachen der anderen Kinder durch den Raum, anstatt sich umzuziehen.

Besonders Klettverschlüsse, Knöpfe und Reißverschlüsse, Schnallen und Gürtel stellen für viele Kinder ein großes Problem dar. Die Kinder müssen aber lernen, damit umzugehen. Während Sie den jüngeren Kindern zunächst noch helfen, sollten die älteren Kinder im Umgang mit den schwierigen Verschlüssen ihrer Kleidung immer selbstständiger werden.

Es handelt sich dabei im Grunde genommen um eine reine Trainings- und Übungssache. Sie sollten auch Folgendes bedenken: Wenn man den Lernprozess von Kindern immer wieder unterbindet, weil gerade keine Zeit da ist, dann ist das für Kinder, die sich nicht gern anziehen möchten, ein Anreiz, bei den Eltern Stress zu erzeugen. Letztendlich schaffen es die Kinder dann, die Eltern dazu zu bringen, sie doch wieder anzuziehen. Wenn zum Beispiel eine Mutter Ihnen erzählt, dass sie deshalb mit dem Kind zu spät kommt, dann sollten Sie nicht schimpfen, sondern dem Kind erzählen, was es durch seine Aktion alles verpasst hat. So ziehen Sie alle gemeinsam an einem Strang. Ermahnen Sie dagegen die Mutter, beim nächsten Mal doch pünktlich zu sein, wird sie das Kind wieder anziehen. Schimpfen Sie mit dem Kind, dann wird es das nächste Mal noch mehr zögern, denn eine Verzögerung bedeutet auch, dass es noch länger zu Hause bei der Mutter bleiben darf. Hört das Kind aber, dass es etwas verpasst hat, dann besteht viel eher die Chance, dass es sich beim nächsten Mal beeilen wird.

Hilfen durch Eltern

Je mehr einem Kind geholfen wird, desto weniger kann es seine Selbstständigkeit ausbauen. Bitten Sie daher die Eltern, ihre Kinder beim An- und Ausziehen immer weniger zu unterstützen. Das kann sowohl morgens, wenn sie ihre Kinder bringen, als auch mittags oder nachmittags, wenn sie sie wieder abholen, geschehen. Auch zu Hause können die Kinder immer öfter dabei helfen, sich selbst anzuziehen. Langsam und allmählich werden sie dadurch die führende Rolle übernehmen. Das geht aber nicht von heute auf morgen. Wie alles andere auch erlernen dies die Kinder nach und nach.

Schuhe mit Klettverschlüssen sind für die Selbstständigkeit der etwa zweijährigen Kinder eine große Hilfe, denn eine Schleife zu binden oder zu öffnen ist in diesem Alter noch zu schwierig.

Spielen und Wahrnehmen mit allen Sinnen

Ideen, Spiele, Anregungen

Patchworkwand mit verschiedenen Verschlüssen

Um diese Patchworkarbeit anzufertigen, brauchen Sie entweder selbst einiges Geschick oder Sie spannen die Eltern ein. Sicherlich wäre dies auch eine interessante Aufgabe für einen Nachmittag oder einen Elternstammtisch.

Zunächst sammeln Sie (auch mithilfe der Eltern) alte kaputte Kleidungsstücke, bei denen die Verschlüsse aber noch funktionieren. Oder Sie nähen ca. 20 cm mal 20 cm große Quadrate aus unterschiedlichen Stoffen (Stoffreste!) auf eine Unterlage. Auf jedem Stück Stoff soll ein Klettverschluss, ein Reißverschluss oder ein Knopf sein, der geöffnet und geschlossen werden kann.

Hinter den Verschlüssen können Sie kleine Spielzeuge verstecken, mit denen die Kinder nur dann spielen dürfen, wenn sie den Verschluss öffnen können. Die fertige Patchworkdecke befestigen Sie sicher an der Wand. Wenn die Höhe den kleineren Kindern Probleme bereiten könnte, dann stellen Sie einfach einen kleinen Hocker bereit, auf den die Kinder steigen können, um an alles heranzukommen.

Memory® mit der Patchworkwand

Sie können mit der so gebastelten Wand auch Memory® spielen. Wenn Sie eine gerade Anzahl von Taschen haben, dann verstecken Sie jeweils zwei gleiche Dinge in den verschiedenen Taschen.

Das Kind, das an der Reihe ist, öffnet zwei Taschen. Die Gegenstände darin werden allen Mitspielern gezeigt. Wenn sie nicht zueinanderpassen, werden sie wieder versteckt und die Taschen verschlossen. Immer wenn ein Kind zwei zusammengehörende Dinge findet, darf es sie behalten.

Haben die Taschen der Patchworkwand eine ungerade Anzahl, dann kommt einfach in eine Tasche ein Stein. Dieser kann entweder etwas ganz Besonderes sein und einen zusätzlichen Punkt bedeuten. Oder er kann eine Art „Schwarzen Peter" darstellen und das Kind, das ihn entdeckt hat, muss ihn und ein schon gefundenes Paar Dinge wieder verstecken.

Anziehpuppen

Schauen Sie einmal die Puppenkleidung in Ihrer Einrichtung durch. Da findet sich bestimmt das eine oder andere Teil mit einem schwierigen Verschluss. Ziehen Sie diese Kleider den Puppen an und lassen Sie die Kinder damit sowohl An- als auch Ausziehen spielen.

Im Handel gibt es auch spezielle Puppen (zum Beispiel „Anzieh-Anton" von JAKO-O), an denen die Kinder das Öffnen und Schließen der verschiedenen Verschlüsse spielerisch üben können.

Spielzeugtaschen

Es gibt viele Dinge, die sich gut in kleine Taschen verstauen lassen, zum Beispiel Bälle, Tücher, Stifte, Kugeln, Bauklötze und so weiter. Dafür können Sie eventuell mit den Eltern zusammen Taschen mit verschiedenen Verschlüssen herstellen. Beim ersten Mal ist das eine Menge Arbeit, aber die Taschen können über Jahre hinweg immer wieder verwendet werden. Die Kinder werden sehr neugierig sein, was sich in den Taschen befindet, deshalb können Sie sicher sein, dass die Kinder die Verschlüsse gerne öffnen und schließen werden.

KLETTVERSCHLÜSSE, KNÖPFE UND REISSVERSCHLÜSSE

Benutzen Sie für alle Taschen einen festen und haltbaren Stoff. Ketteln Sie die Stoffränder vor dem Zusammennähen mit dem Zickzackstich der Nähmaschine um, damit nichts ausfranst. Dann nähen Sie die Taschen zusammen, wobei Sie den jeweiligen gewünschten Verschluss berücksichtigen (siehe unten). Scheuen Sie sich nicht, Mütter um Hilfe zu fragen, wenn Sie beim Nähen Probleme haben. Vielleicht kennt auch jemand eine günstige Änderungsschneiderin …

- *Taschen mit Tunnelzug:* Diese eignen sich besonders gut als Beutel für viele kleine Teile, zum Beispiel Legosteine. Dazu nimmt man einfach ein rundes Stück Stoff, schlägt einen ca. 1 cm breiten Rand um und näht ihn innen mit der Nähmaschine oder der Hand fest. Mithilfe einer Sicherheitsnadel wird eine Kordel durch diesen „Tunnel" gezogen.
  Es gibt spezielle Clips, mit denen die zwei Kordelenden zusammengehalten werden können. Diese Clips kommen auch häufig an Jacken oder Rucksäcken vor, es ist also sinnvoll, dass die Kinder den Umgang damit lernen. Wenn man die Kordel zusammenzieht, ist die Tasche geschlossen und die kleinen Teile sind weggeräumt.

- *Stifttasche/Schlampermäppchen:* Diese Näharbeit ist ein wenig schwieriger. Nähen Sie zunächst einen Reißverschluss an zwei rechteckige Stoffstücke. Dann nähen sie diese von der linken Seite her zusammen. Danach wird der Stoff wieder umgedreht.
  Der Umgang mit Reißverschlüssen ist besonders wichtig, denn die Kinder haben sie an Pullovern, Hosen und natürlich an Jacken.

- *Klettverschlusstasche:* Diese Tasche können Sie in unterschiedlichen Größen nähen. Nehmen Sie dazu ein rechteckiges Stück Stoff. Schlagen Sie etwas mehr als ein Drittel des Stoffes um und nähen Sie die beiden nun übereinanderliegenden Stücke auf links zusammen. Wenn Sie den Stoff nun umstülpen, dann ist die Form einer Tasche mit Klappe schon gut zu erkennen. Der Klappe können sie nun eine beliebige Form geben, zum Beispiel rund, dreieckig, viereckig oder anders. Nähen Sie zum Schluss unter die Klappe die eine Seite des Klettverschlusses und das Gegenstück an.

  Die Kinder haben an sehr vielen Kleidungsstücken Klettverschlüsse, zum Beispiel an Schuhen, an Jacken und Hosen.

- *Knopftasche:* Diese können Sie genauso gestalten wie die Klettverschlusstasche. Nähen Sie vorne in die Klappe ein oder zwei Knopflöcher. Die Knöpfe werden dann direkt darunter an die Tasche genäht. Sie können unterschiedliche Knöpfe nehmen. Es eignen sich auch Druckknöpfe oder Knöpfe zum Einhaken.
  Knöpfe haben die Kinder an ihren Jacken, Hosen, Pullovern und Hemden, sodass sie damit umgehen können müssen.

Üben und Übertragen

Wenn Sie merken, dass ein Kind große Probleme mit einem Reißverschluss an seiner Kleidung hat oder die Klettverschlüsse immer wieder falsch herum zumachen will, dann holen Sie die Tasche, die den betreffenden Verschluss hat, oder nehmen das Kind mit an die Patchworkwand und üben noch einmal mit ihm. Klappt es dort, soll das Kind es wieder an seinen eigenen Kleidungsstücken versuchen. Oft ist das Kind dann schon viel geschickter.

Anziehen um die Wette

Sie können Kinder auch dadurch anspornen, indem Sie einen kleinen Wettbewerb veranstalten. Dazu müssen Sie natürlich Kinder auswählen, die ungefähr gleich schnell sind und auch ähnlich schwierige Kleidung tragen bzw. diese zum Sport anziehen müssen. Versprechen Sie dem Kind, das zuerst fertig ist, dass es in der Sportstunde etwas eher machen darf als die anderen Kinder, zum Beispiel den Ball holen, zuerst auf eine Kiste klettern oder was eben thematisch gerade passt.

Genauso können Sie auch einen Wettbewerb um ein Fahrzeug (Rollbrett, Bobbycar …) veranstalten. Das Kind, das zuerst mit dem Umziehen fertig ist, darf das begehrte Spielzeug haben. Nach einiger Zeit wird aber selbstverständlich abgewechselt.

Lebendige „Anziehpuppen"

Es ist oft schwieriger und macht weniger Spaß, sich selbst anzuziehen und seine eigenen Klett- oder Reißverschlüsse bzw. Knöpfe zu schließen. Wenn es aber darum geht, die Verschlüsse der anderen Kinder zu schließen, dann macht das Üben vielleicht schon mehr Spaß.

Ein Kind zieht sich seine Kleidungsstücke an, ohne sie zu schließen. Die anderen Kinder müssen nun schauen, ob der Reißverschluss an dieser „lebendigen Puppe" auch ganz leicht zu schließen geht und ob die Klettverschlüsse genauso sind wie die eigenen. Diese „Arbeit" können mehrere Kinder gemeinsam machen. Nach einiger Zeit wird gewechselt und ein anderes Kind ist an der Reihe.

Den eigenen Namen erkennen und schreiben

> Gezielt auf die Schule vorbereiten
>
> Mit Stift, Schere, Besteck und Co umgehen
>
> Grundlegende Fähigkeiten für Sprache und Schrift einüben

Zum Thema

Die persönlichen Sachen der Kinder sind im Kindergarten meist durch Schilder mit bunten Bildern gekennzeichnet. Mit ihrem geschriebenen Namen können die Kinder zunächst noch nicht viel anfangen. Sie erkennen ihn nicht und können ihn noch nicht selbst schreiben. Trotzdem sollten Sie immer wieder die Namen der Kinder zu allem hinzufügen, was sie angeht.

Schreiben Sie also neben die Fächer, neben die Handtücher und so weiter alle Namen in Druckbuchstaben. Praktisch sind auch kleine Etikettiergeräte, mit denen Sie die Namen einfach auf eine selbstklebende Folie drucken können.

Schreiben Sie auch konsequent die Namen der Kinder auf alle Kunstwerke. Mit der Zeit werden sich die Kinder daran gewöhnen und vielleicht ihre Bilder auch daran erkennen. Um den Kindern den Einstieg in die Schrift zu erleichtern, sollten sie konsequent gut lesbare und am besten große Druckbuchstaben verwenden.

Benennen Sie den Kindern gegenüber auch die Buchstaben. Benutzen Sie dabei aber bitte die Laute und nicht die Namen der Buchstaben, wie das die Erwachsenen normalerweise machen. Ein „D", wird nur so gesprochen, wie man es in einem Wort hört, und nicht „DE". Lernen die Kinder zu früh die Namen der Buchstaben, dann können sie beim Lesen- und Schreibenlernen Probleme bekommen. Sie schreiben dann zum Beispiel ND statt ENDE, weil sie die Buchstaben falsch benutzen.

Wenn die Kinder selbst beginnen zu schreiben, dann haben sie häufig Probleme, den Stift richtig – auch um Kurven herum – zu führen. Zudem ist es schwierig für die Kinder, die Richtung des einzelnen Buchstabens oder auch des ganzen Wortes einzuhalten.

Hilfen durch Eltern

Bitten Sie die Eltern, alle Kleidungsstücke auf die Art und Weise zu beschriften, in der Sie auch die Bilder markieren. Erklären Sie den Eltern, wie wichtig eine einheitliche Schreibweise ist. Die beschrifteten Kleidungsstücke haben den Vorteil, dass Sie sie schneller zuordnen können, wenn mal etwas nicht am richtigen Platz ist – außerdem sehen die Kinder ihren Namen in Gummistiefeln, in der Matschhose und einfach überall in ihren Dingen.

Bitten Sie auch die Eltern darum, die Buchstaben nicht mit den Namen, sondern mit den Lauten zu benennen. Machen Sie den Eltern klar, dass dies den Schuleinstieg, insbesondere das Lesen- und Schreibenlernen sehr erleichtert.

Sie benötigen für einige der Übungen Materialien, die Sie umsonst bekommen können, da es sich dabei um Dinge handelt, die man eigentlich wegwirft, zum Beispiel Korken. Fragen Sie die Eltern danach bzw. bitten Sie sie, diese Dinge für sie zu sammeln.

> Spielen und Wahrnehmen mit allen Sinnen

Ideen, Spiele, Anregungen

Den eigenen Namen aus verschiedenen Namen heraussuchen

Paul, Anastasia, Louis, Murat, Lara, Michele

Nutzen Sie jede Gelegenheit, bei der die Kinder ihren Namen irgendwo heraussuchen müssen. Für die Kinder selbst ist es zweitrangig, dass sie dabei etwas lernen. Wichtiger ist für sie, dass sie das bekommen, was für sie gedacht ist. Den eigenen Namen erkennen Kinder häufig viel früher, als Sie damit rechnen. Sie orientieren sich dabei daran, wo der i-Punkt steht, wo bestimmte Striche sind, ob Kreise darin vorkommen und so weiter. Teilen Sie Dinge nicht einfach aus, sondern bieten Sie den Kindern die Möglichkeit, ihre Sachen selbst herauszufinden. Wenn Sie zum Beispiel an kleinen Gruppentischen sitzen, dann legen Sie die für die Gruppe relevanten Sachen auf den Tisch und lassen die Kinder selbst nach ihren Sachen suchen. Da unterschiedlich alte Kinder, die auf verschiedenen Entwicklungsstufen stehen, an einem Tisch sitzen, werden die größeren den kleineren Kindern helfen. Geben Sie den Kindern ein bisschen Zeit. Wenn Sie merken, dass es gar nicht klappt, helfen Sie ihnen.

Es eignen sich zum Beispiel Elternbriefe, auf die Sie die Namen der Kinder schreiben. Wenn die Kinder die Briefe vertauschen, macht das ja nichts, da diese Briefe sowieso alle gleich sind.

Wenn Sie den Kindern am Geburtstag oder an Weihnachten Geschenkpäckchen austeilen, so können Sie auf diese die Namen der Kinder schreiben.

Trinkbecher aus Plastik gibt es sehr kostengünstig zu kaufen. Schreiben Sie mit einem wasserfesten Stift die Namen der Kinder auf die Becher. Zunächst suchen Sie die Becher für die Kinder heraus, später tun das die Kinder selbst. Jedes Mal, wenn sie ihre Becher anschauen, sehen sie ihre Namen.

Als besondere Aktion können Sie auch beispielsweise kleine Anstecker basteln. Dazu bemalen und beschreiben Sie Kronkorken und kleben eine kleine Anstecknadel aus dem Bastelgeschäft dahinter. Die Kinder werden sehr stolz darauf sein, ihren persönlichen Anstecker tragen zu dürfen. Professionelle Buttonmaschinen kann man sich auch leihen, Angebote dazu gibt es unter anderem im Internet.

Umrissbuchstaben

Kinder im Kindergartenalter sind oft nicht in der Lage, einen geraden Strich zu ziehen oder an diesen Strich weitere Striche im richtigen Winkel anzufügen (Beispiel: K). Sehr hilfreich ist es, den Kindern die Buchstaben als Umriss vorzumalen, sodass sie sie mit Farbstiften ausfüllen können. Dazu gibt es verschiedene Möglichkeiten. Sie können die Buchstabenumrisse möglichst groß mit der Hand zeichnen. Wenn Sie Probleme mit dem Zeichnen haben, dann können Sie sich die Buchstaben mithilfe eines Textverarbeitungsprogrammes groß ausdrucken, sie ausschneiden und als Schablonen nutzen. Wenn Sie diese Schablonen auch den Kindern zur Verfügung stellen wollen, dann kleben Sie sie auf Pappe oder laminieren sie. Die Buchstabenumrisse können Sie den Kindern einzeln geben oder gleich ihre Namen daraus zusammensetzen. Auf der folgenden Seite finden Sie eine Kopiervorlage mit Umrissbuchstaben, die Sie ja nach Bedarf vergrößern können.

Zum Ausmalen der Umrisse eignen sich Buntstifte oder Filzstifte. Umso geübter die Kinder werden, desto genauer werden sie die Buchstaben ausfüllen. Wenn die Umrissbuchstaben größer sind, können die Kinder auch Wachsmalstifte oder Wasserfarben nehmen, sogar Fingerfarben eignen sich dazu. Damit können die Kinder auch auf die Fenster Buchstaben malen.

Außerdem können die Buchstaben beklebt werden. Dazu reißen die Kinder Schnipsel aus buntem Papier oder aus Katalogen aus und kleben diese in die Buchstaben hinein. Dabei sollten Sie darauf achten, dass die Kinder die Linien so gut wie möglich einhalten.

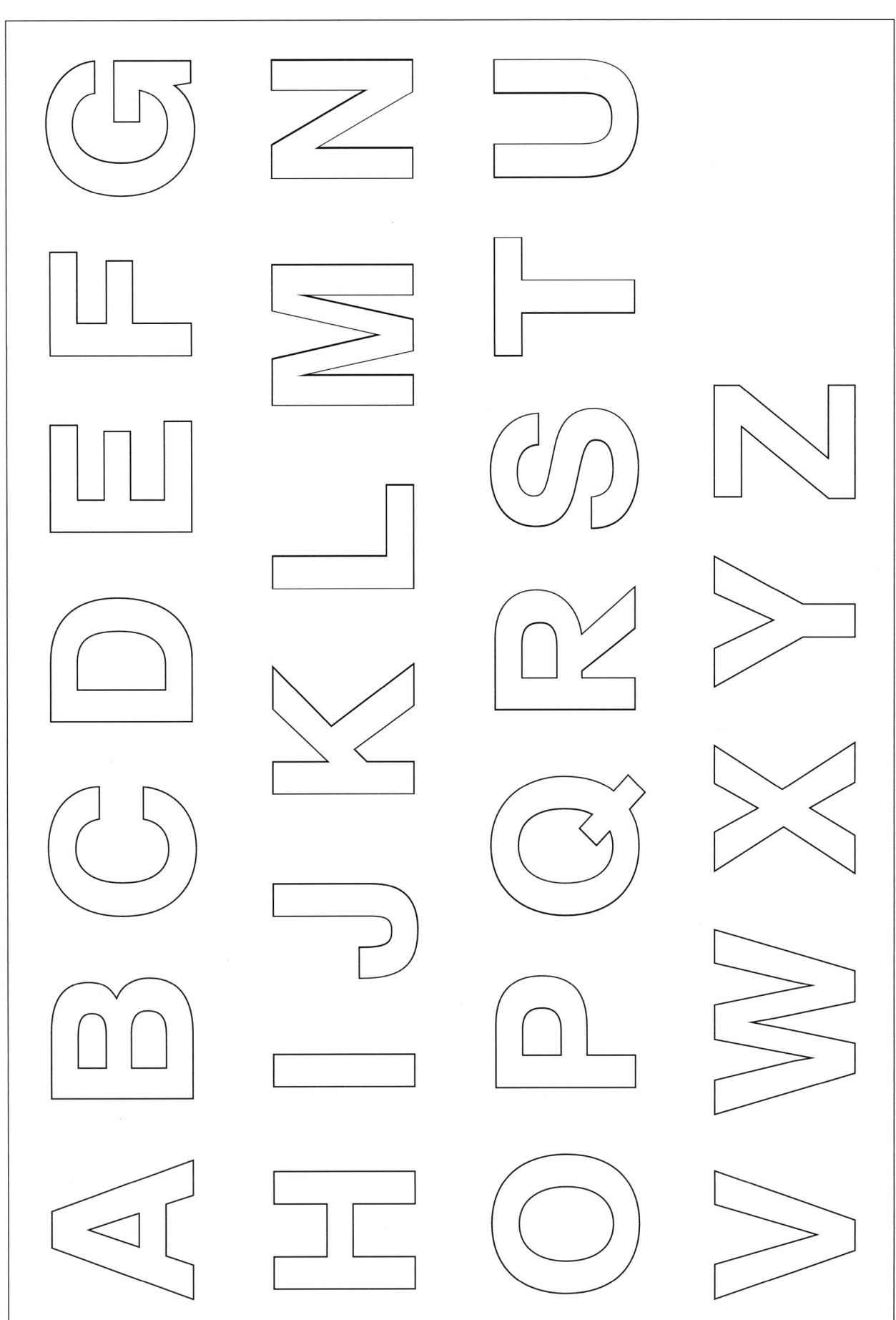

Den eigenen Namen erkennen und schreiben

43

Die Buchstaben können zudem mit „Stempeln" bedruckt werden. Dazu eignen sich Korken gut. Die Kinder malen mit einem Pinsel Wasserfarbe auf die Korken und stempeln dann in die Umrisse hinein.

Eine andere Möglichkeit ist es, große Fühlbuchstaben zu gestalten. Dazu schneiden Sie die Buchstaben aus einem weichen Material wie Stoff aus. Die Umrisse kleben Sie auf eine stabile Unterlage (zum Beispiel Pappe oder Holz). Die Kinder können die Buchstaben zunächst mit offenen, später auch mit geschlossenen Augen fühlen.

Namen aus Zeitungsbuchstaben

Buchstaben begegnen den Kindern im alltäglichen Leben ständig, zum Beispiel auf Lebensmittelverpackungen, in Büchern oder Zeitungen. Lassen Sie doch einmal die Kinder ihre Namen aus Zeitungsbuchstaben zusammenstellen. Um den Kindern die Arbeit zu erleichtern, sollten Sie ein wenig vorarbeiten. In den Artikeln sind die Buchstaben für die Kinder zu klein. Darum sollten Sie die Buchstaben aus den Überschriften ausschneiden, damit die Kinder die Buchstaben, die ihren Vornamen bilden, schneller finden.

Denken Sie daran, dass die Kinder zunächst auf die Großbuchstaben fixiert sind und die kleinen Buchstaben nicht beachten. Achten Sie deshalb darauf, dass genügend große Buchstaben vorhanden sind.

Namen stempeln

Die Kinder können ihre Namen auch stempeln. Entweder besorgen Sie sich Buchstabenstempel oder stellen diese selbst her. Dazu können Sie Filmdosen oder andere geeignete Materialien (zum Beispiel zylinderförmige Holzbausteine) nehmen, auf die Sie mit Sekundenkleber Buchstaben aus Moosgummi kleben. Selbstverständlich machen Sie dies ohne die Kinder, da der Sekundenkleber sehr gefährlich ist.

Stempeln Sie den Buchstaben einmal, schneiden ihn aus und kleben ihn dann mit durchsichtigem Klebeband auf die andere Seite der Dose. Die Kinder müssen den Stempel so halten können, dass sie die Vorlage beim Stempeln sehen.

Zum Stempeln eignen sich Wasserfarben, die die Kinder oder Sie mit einem Pinsel auftragen.

Folgende Möglichkeiten gibt es beim Stempeln, dabei nimmt die Schwierigkeit immer mehr zu:

- *Reihenfolge hinlegen:* Legen Sie den Kindern die Buchstaben ihres Namens in der richtigen Reihenfolge hin. Sagen Sie immer die Laute dazu.
- *Buchstaben durcheinander hinlegen:* Legen Sie alle benötigten Buchstaben hin, jedoch in einer anderen Reihenfolge. Nennen Sie den Kindern ebenso die Laute. Helfen Sie ihnen, die Buchstaben vor dem Stempeln zu sortieren.
- *Ein Buchstabe zu viel:* Legen Sie die Buchstaben vermischt hin und fügen Sie einen zusätzlichen Buchstaben hinzu. Sagen Sie den Kindern, dass etwas nicht stimmt. Das sollen sie herausfinden.
- *Mehr Buchstaben zu viel:* Geben Sie den Kindern einige Buchstaben zu viel. Die Kinder müssen nun aus den vorgegebenen Buchstaben ihren Namen heraussuchen und drucken.
- *Alle Buchstaben:* Die Kinder müssen aus allen Buchstaben des Alphabets die für sie relevanten heraussuchen. Diese Aufgabe ist auch für Kinder im letzten Kindergartenjahr noch sehr anspruchsvoll.

Namen mit unterschiedlichen Materialien darstellen

Wenn Kinder ihre Namen erst einmal schreiben können, dann möchten sie diese am liebsten überall hinschreiben. Dazu können Sie die unterschiedlichsten Materialien nutzen.

Die Kinder können ihre Namen in den Sand schreiben. Oder sie legen die Namen mit kleinen Steinen, Holzstückchen oder Blättern in den Sand.

Die Namen können geknetet werden. Dabei wird den Kindern schnell deutlich, an welchen Stellen der Buchstaben angesetzt werden muss und wo die Linie weiterlaufen kann.

Aus Wollfäden oder Geschenkbändchen können die Kinder ihre Namen auf ein Stück Papier kleben.

Namen nachspuren

Schreiben Sie die Namen vor und kopieren diese mehrmals. Die Kinder können ihre Namen dann mit einem Stift immer wieder nachfahren. Dabei lernen sie, wie man die Buchstaben schreibt. Diese Übung wird den Kindern auch beim Schreibenlernen in der Schule immer wieder begegnen.

Namen schreiben

Wenn die Kinder ihre Namen schreiben wollen, dann geben Sie ihnen zunächst recht dicke Stifte. Damit tun die Kinder sich einfacher als mit dünnen Stiften. Allerdings ist es eine Trainingssache und mit der Zeit werden die Kinder immer geschickter.

Mit Schere und Klebstoff umgehen

Mit Stift, Schere, Besteck und Co umgehen

Gezielt auf die Schule vorbereiten

Zum Thema

Auch den Umgang mit der Schere müssen die Kinder lernen und viele tun sich recht schwer damit. Die Auge-Hand-Koordination der Kinder ist noch nicht ausgeprägt und das Papier rutscht beim Schneiden immer wieder weg. Die Schnitte werden schief, krumm und gezackt.

Aber umso mehr die Kinder üben, desto schneller werden sie gute Ergebnisse liefern und selbst damit zufrieden sein.

Der Umgang mit Klebstoff ist ebenso eine reine Übungssache. Im Kindergartenalter lernen die Kinder zwei Sorten von Klebstoffen kennen: lösungsmittelfreien Klebestift, mit dem Papier und Pappe zusammengeklebt werden können, und Flüssigkleber, mit dem zum Beispiel Wolle auf Papier geklebt werden kann.

Andere Klebstoffe sollten wegen der Dämpfe oder ihrer starken Klebkraft nicht in die Hände der Kinder gelangen.

Hilfen durch Eltern

Die Eltern betrachten die ersten Versuche ihrer Kinder mit Schere und Klebstoff häufig mit Skepsis und sind froh, wenn diese nicht zu Hause stattfinden. Die Angst, dass etwas zerschnipselt wird, das dazu nicht bestimmt war, oder vor einem rechten Chaos bzw. verklebten Kleidungsstücken und Möbeln ist bei manchen Eltern recht groß.

Nehmen Sie den Eltern die Angst. Es ist sinnvoll, den Kindern eine eigene Ecke zu geben, in der sie arbeiten dürfen. Wenn man ihnen dann etwas zum Zerschneiden gibt, dann halten sie sich eigentlich auch daran. Bleibt das Ganze räumlich begrenzt, kann der Boden mit einem Besen oder dem Staubsauger schnell gereinigt werden. Zum Kleben geben sie den Kindern am besten große Schreibtischunterlagen oder Unterlagen aus Wachstuch, die auf den Tisch gelegt werden können. Auch eine ausgemusterte Tischdecke ist hierfür ideal.

Spielen und Wahrnehmen mit allen Sinnen

Ideen, Spiele, Anregungen

Verschiedene Scheren

Am ungefährlichsten sind Papierscheren mit Kunststoffklingen. Damit können sich die Kinder nicht verletzen und auch keine Schäden an ihrer Kleidung anrichten. Allerdings kann man mit ihnen nur Papier und keine Pappe schneiden.

Bastelscheren mit Metallklingen gibt es mit abgerundeter Spitze. Auch hier ist die Verletzungsgefahr geringer, da die Kinder sich damit nicht stechen können. Allerdings können sich die Kinder an den scharfen Klingen schneiden. Wenn die Kinder um die Gefahren Bescheid wissen, werden sie vorsichtiger mit den Scheren umgehen. Zeigen Sie den Kindern genau, was sie nicht mit den Scheren machen sollen und sagen Sie ihnen auch ganz klar, warum. Kinder, die gegen ihre Anweisungen arbeiten, sollten von Ihnen gleich zur Seite genommen werden. Erklären Sie diesen Kindern die Regeln noch einmal. Falls sie immer noch keine Einsicht zeigen, dann dürfen sie bei den Schneideaktionen zunächst nicht mehr mitmachen. Probieren Sie es zu einem späteren Zeitpunkt wieder.

Es gibt auch Kinderscheren für Linkshänder, von denen Sie im Kindergarten ein paar besitzen sollten. Statistiken geben den Anteil an Linkshändern in der Bevölkerung zwischen 10 und 15 Prozent an. Oft sieht man bereits im Kindergartenalter, welche Kinder mit links und welche mit rechts arbeiten. Kinder, bei denen Sie mit der rechten Hand eine sehr große Ungeschicklichkeit feststellen, können versteckte Linkshänder sein. Versuchen Sie diesen Kindern die Linkshänderscheren anzubieten. Eventuell klappt es dann besser. Sagen Sie auch den Eltern, dass sie ihre Kinder nicht „umschulen" sollen, da dies sich zum Beispiel negativ auf den Schreiblernprozess auswirken kann. Früher gab es noch Lehrer, die wollten, dass alle Kinder mit der rechten Hand schreiben und arbeiten. Heute ist das zum Glück nicht mehr so. Wenn die Eltern dem Lehrer sagen, dass ihr Kind ein Linkshänder ist, dann kann und muss er darauf Rücksicht nehmen.

Spitze Scheren sollten von den Kindern nicht alleine verwendet werden, das dies zu gefährlich ist. Nutzen Sie eine solche Schere nur dann, wenn Sie etwas ausstechen müssen. Nur in Einzelfällen und unter Ihrer Aufsicht können Kinder damit arbeiten. Nach der Verwendung müssen die spitzen Scheren sofort wieder an einen für die Kinder unerreichbaren Platz (zum Beispiel auf einen Schrank) gelegt werden.

Lernscheren haben zwei mal zwei Löcher für die Finger. Vorne dürfen die Kinder hineinfassen, hinten die Erzieherinnen. Diese Scheren sind allerdings nur dazu geeignet, den Kindern ein erstes Gefühl über das Schneiden zu vermitteln. Das wirkliche Schneiden lernen die Kinder nur allein.

Außerdem gibt es Scheren, mit denen man Muster in das Papier schneiden kann. Es gibt Zickzackscheren, Wellenscheren und viele mehr. Den Kindern macht das Schneiden mit diesen Scheren viel Spaß. Zum Schnipseln und Üben können Sie ihnen diese Scheren ruhig geben.

Das mag ich

Bei dieser Aktion müssen die Kinder selbst entscheiden, was sie ausschneiden und aufkleben möchten. Zeichnen Sie einen Kinderkopf vor. Die Kinder haben nun die Aufgabe, aus Katalogen und Zeitschriften Dinge, die ihnen gefallen, auszuschneiden und mit einem Klebestift um den Kopf herum aufzukleben. Für einige Kinder ist das ganz leicht, andere haben damit noch Probleme. Es macht natürlich nichts, wenn der Ball ein paar Ecken hat oder der Puppe ein Arm fehlt. Falls es ein Kind stören sollte, was aber nur ganz selten der Fall ist, dann helfen Sie ihm ein wenig.

Buntes Geschnipsel

Die folgende Übung ist überaus hilfreich und macht den Kindern eine Menge Spaß, ist aber nichts für ordnungsliebende Menschen. Die Kinder bekommen eine Menge (Abfall)papier, das sie nach Lust und Laune klein schneiden dürfen.

Sie können dazu kleine Wettbewerbe stattfinden lassen. Wer schafft es, den kleinsten roten Schnipsel auszuschneiden? Wer hat den höchsten Schnipselberg? Wer hat die meisten grünen Schnipsel?

Eine Variante ist es, mit den Schnipseln eine vorgegebene Figur auszukleben, etwa einen Baum oder ein Schiff. Vor dem Kleben sollten die Schnipsel farblich sortiert werden, wobei die Kinder gleichzeitig die Farben üben.

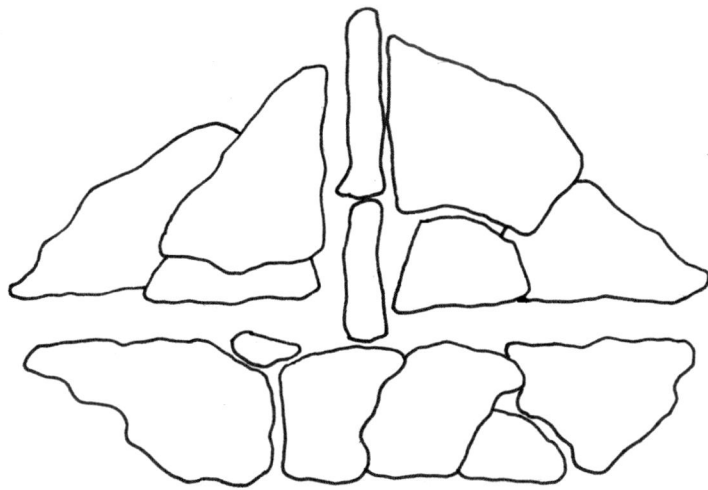

Auf der Linie schneiden

Sie können den Kindern einen Gegenstand vormalen, zum Beispiel ein Haus, eine einfache Blume oder etwas Ähnliches.

Die Kinder schneiden ihre Bilder aus, malen sie an und alle kleben sie dann auf eine große Unterlage (etwa auf Packpapier) auf.

Vorlagen

Es gibt zu jedem Anlass und zu jeder Jahreszeit eine Menge Ausschneidefiguren. Diese können vom Schwierigkeitsgrad her sehr unterschiedlich sein. Am besten sammeln Sie solche Figuren (als Schablonen und als Vorlagen auf Papier) in Mappen und holen sie zu den passenden Anlässen heraus. Einige Beispiele finden Sie unten. Für kleinere Kinder können Sie die Umrisse nachfahren, dann fällt das Ausschneiden leichter. Größere Kinder sollten mit der Kontur keine Probleme mehr haben.

Die Figuren werden nach dem Ausschneiden zusammengeklebt und aufgehängt.

Denken Sie auch daran, für technikbegeisterte Kinder nicht nur niedliche Dinge zu haben. Es sollten auch Flugzeuge, Schiffe und Autos dabei sein.

Tragen der Schere

Grundsätzlich sollten Kindergartenkinder Scheren nur selten tragen. Es gibt verschiedene Möglichkeiten, wie eine Schere getragen werden kann. Am besten werden die Klingen nach unten gerichtet mit einer Hand umfasst und die Schere so getragen. Im Handel sind auch Scheren mit Klingenschutz erhältlich.

Tangram

Geben Sie den Kindern ein kopiertes Tangramspiel. Dafür können Sie sich die Vorlage auf der folgenden Seite in der gewünschten Größe kopieren. Die Einzelteile sollen die Kinder dann ausschneiden und Figuren damit legen. Vorlagen für mögliche Figuren finden Sie bei den im Handel erhältlichen Tangramspielen oder im Internet.

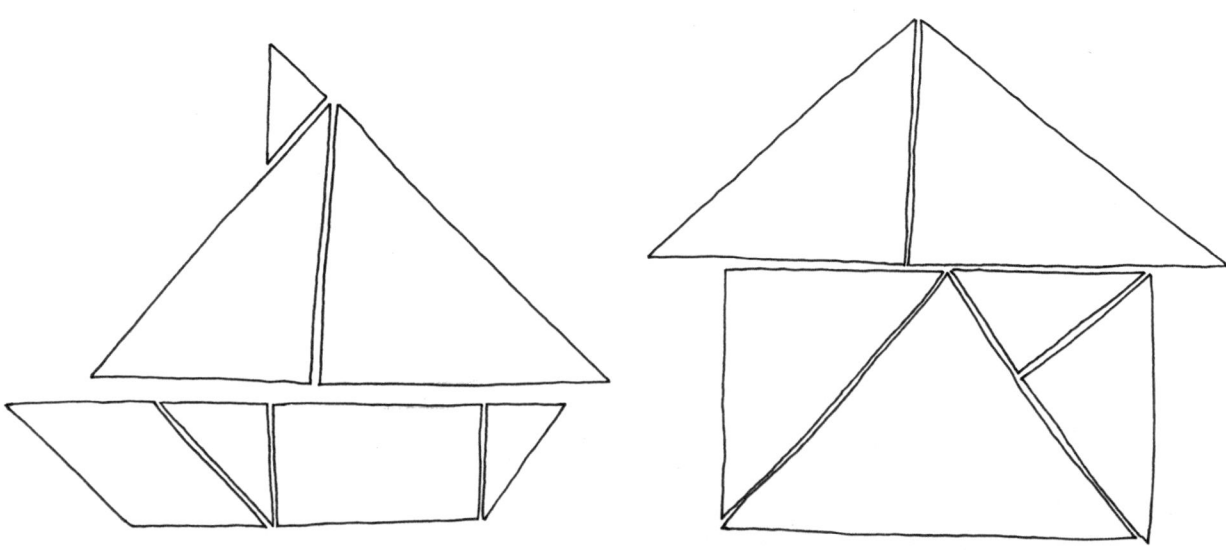

Vorlage Tangram

Collagen kleben

Es können ganz verschiedene Materialien aufgeklebt werden. Sobald nicht nur Papier verwendet wird, sollten Sie auf Flüssigkleber umsteigen. Die Kinder können Bilder aus einem Material oder aus verschiedenen Materialien wie Korken, Wollfäden, Blättern und so weiter kleben. Die Collagen können Sie in der Einrichtung ausstellen.

Mit Schere und Klebstoff umgehen

Ordnung halten

Gezielt auf die Schule vorbereiten

Zum Thema

Kinder spielen gerne, Kinder probieren gerne aus, Kinder testen gerne. Aufräumen tun sie aber nicht so gerne. Wie Sie wissen, kann dadurch ein ziemliches Chaos entstehen.

Wie kann man es erreichen, dass die Kinder nicht nur ausgelassen und kreativ spielen, sondern danach alles wieder aufräumen, ohne ihnen die Freude am Spiel zu verderben?

Andererseits sind Kinder eigentlich auch recht ordnungsliebend. Sie haben Probleme, sich an Veränderungen zu gewöhnen und andere Anordnungen zu akzeptieren. Je kleiner die Kinder sind, desto ausgeprägter ist diese Fähigkeit. Bei manchen Kindern kann man schon von Starrsinnigkeit sprechen. Zum Beispiel verlangen sie immer wieder, aus ein und derselben Tasse trinken zu dürfen oder eine Decke muss in einer ganz bestimmten Art und Weise an einer bestimmten Stelle liegen. Das Gehirn der Kinder arbeitet noch nicht so flexibel und kann starre Vorgänge besonders gut verarbeiten. Das ist auch der Grund dafür, dass die Kinder in einem bestimmten Alter besonders gut puzzeln können und sehr gut im Memory®spielen sind. Wenn Sie den Kindern gewisse Verhaltensweisen erklären, dann können sie sich auch daran halten. Sie dürfen sie nur nicht überfordern und zu viel gleichzeitig verlangen. Sie müssen den Kindern die Möglichkeit zur Ordnung geben. Exemplarisch wird im ersten Abschnitt dieses Kapitels der Garderobenbereich behandelt. Die Tipps lassen sich auch auf andere Bereiche übertragen.

Hilfen durch Eltern

Sprechen Sie mit den Eltern darüber, dass die Kinder auch zu Hause für einen gewissen Bereich Verantwortung übernehmen können und sollen. Wenn Kinder zu Hause nie ihr Spielzeug aufräumen, dann tun sie sich auch im Kindergarten schwer damit. Erklären Sie den Eltern, dass sie die Kinder nicht überfordern dürfen. Zum Beispiel ist es für Kinder auch noch im Grundschulalter nicht greifbar, wenn ihnen gesagt wird, sie sollen ihr Zimmer aufräumen. Einzelne Bereiche zu sortieren, ist für Kinder einfacher und überschaubarer. Zeigen Sie den Eltern auch, wie Sie sich den Garderobenbereich vorstellen. Dieser Raum wird von allen gemeinsam benutzt und nur gemeinsam können Sie dort für Ordnung sorgen.

Ideen, Spiele, Anregungen

Garderobe

Betreten Sie den Flurbereich und schauen ihn sich einmal sehr kritisch und genau an. Wie sieht es hier aus? Sind alle Sachen an seinem Platz? Kann dieser Bereich den Kindern helfen, Ordnung zu halten? Im Folgenden finden Sie hierzu ein paar Hilfen.

Auf die Fächer über die Haken gehören nur die Sachen, die am Tag dort abgelegt werden. Zur Aufbewahrung von Dingen sind die kleinen Fächer absolut ungeeignet. Sie sollten dann, wenn die Kinder abgeholt werden, leer geräumt werden.

An den Garderobenhaken hängen die Matschhose, die Regenjacke und ein Beutel mit Wechselkleidung. An Sporttagen wird natürlich auch der Turnbeutel dort hängen.

Die Bank ist frei geräumt. Dort sitzen die Kinder, wenn sie sich umziehen. Jacken, Schuhe, Beutel und andere Dinge haben dort nichts verloren.

Unter der Bank stehen auf der Schuhablage die Hausschuhe und unter der Schuhablage die Straßenschuhe.

Gehen Sie mittags oder nachmittags immer noch einmal durch die Garderobe Ihrer Gruppe und schauen Sie, ob alles so aussieht, wie es sein soll. Wenn Zettel, Socken, Schuhe und so weiter an einem falschen Platz liegen, dann bleiben sie auch dort. Und das Chaos wird immer größer werden.

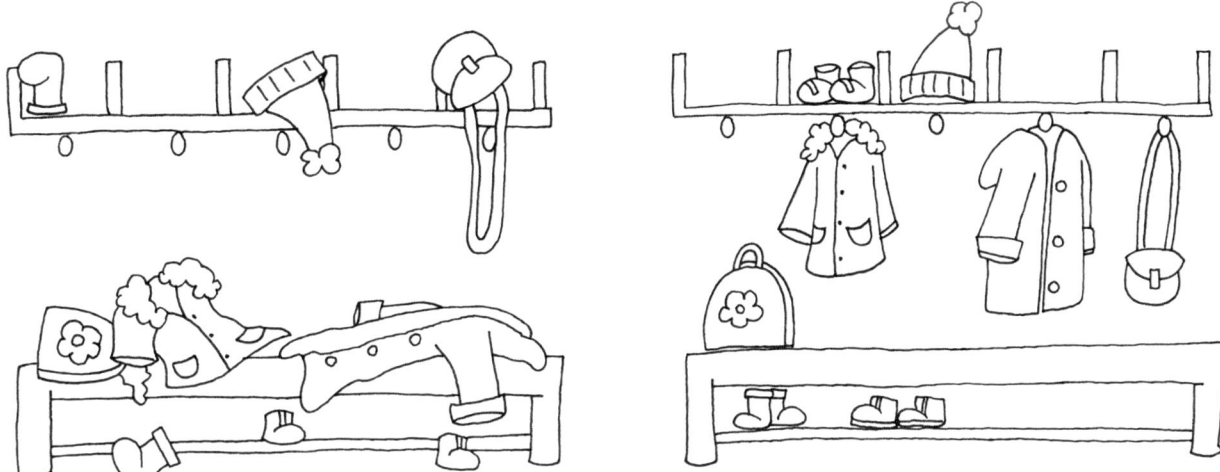

Weiterhin brauchen Sie noch ein Regal, in dem Gummistiefel aufbewahrt werden können. Wenn Sie aus welchen Gründen auch immer die Zeichen der Kinder nicht am Regal anbringen können, dann sollten Sie die Namen daran anbringen. So können die Kinder nach einer sehr kurzen Zeit ihren Platz ebenso erkennen – aber nur, wenn Sie darauf achten.

Wenn die Kinder aus dem Außenbereich kommen, haben sie in der Regel viel Sand in ihren Schuhen oder Gummistiefeln. Damit der Sand nicht auf dem Fußboden landet, ist ein „Sandeimer" sehr hilfreich, in den die Kinder ihre Schuhe ausleeren können.

Natürlich sollte das Prinzip der Müllvermeidung auch im Kindergarten gelten, aber es wird immer mal wieder etwas in den Taschen anfallen oder aus diesen herausfallen. Ist kein Mülleimer vorhanden, fällt es unweigerlich auf den Fußboden und bleibt dort liegen. Darum ist ein (kleiner) Mülleimer in der Gruppe durchaus sinnvoll. Diesen können Sie mithilfe der Kinder von Zeit zu Zeit leeren.

Dienste

Viele Eltern werden erstaunt sein, dass ihre Kinder im Kindergarten gewisse Dienste übernehmen, die sie zu Hause nie machen würden.

Die Kinder fegen, bringen den Müll hinaus, entleeren den Sandeimer im Flur, rollen den Geschirrwagen in die Küche und so weiter. Wenn die Kinder aktiv miteinbezogen werden, dann werden sie besser achtgeben, dass es im Gruppenraum ordentlich zugeht.

Die Einteilung zu solchen Diensten können Sie entweder spontan vornehmen oder zuvor planen. Malen Sie zum Beispiel große Schilder mit Symbolen für die Dienste und hängen diese auf. Sie können die Namen der Kinder dazuschreiben oder die Zeichen der Kinder kopieren und mit Klettverschlüssen oder Wäscheklammern daran befestigen.

Aufräumen der Puppenecke

Wenn Sie nicht jeden Mittag selbst aufräumen wollen, bringen Sie die Kinder dazu, die Puppenecke ordentlich zu verlassen. Erklären Sie den Kindern, wie sie es gerne hätten, und zeigen Sie es ihnen.

Eine Geschichte hilft manchmal Wunder! Erzählen Sie den Kindern folgenden Text:

Immer wenn es Nacht wird, hört man im Kindergarten Geräusche: Rascheln und leise Gespräche, manchmal ist auch ein leises Weinen zu hören.

Es kommt aus der Puppenecke. Heute Abend sieht es mal wieder besonders schlimm dort aus. Die Puppenwiege ist auseinandergenommen, das Kissen liegt in der einen Ecke und die Bettdecke in der anderen Ecke. Die Puppe mit den langen Haaren liegt auf dem Fußboden, eine Puppe hat ihre Zopfspange verloren und die Babypuppe, die eigentlich im Kinderwagen schläft, liegt unter dicken Decken auf dem Sofa!

„Ach", jammert die Puppe mit den langen Haaren. „Warum müssen die Kinder uns immer so hier liegen lassen. Mir ist so kalt und der Fußboden ist so hart." „Ich hätte so gern meine Haarspange", seufzt eine andere Puppe.

„Warum können die Kinder uns nach dem Spielen nicht einfach wieder zurücklegen?", ist ganz leise die Stimme der Babypuppe zu hören. „Ich mag es ja gern, wenn sie mit mir spielen, aber der Nachmittag und die Nacht sind immer so lang!"

Eine Puppe hat eine Idee. „Wir könnten den Kindern doch einen Brief schreiben und sie bitten, uns nach dem Spielen immer wieder auf die richtigen Plätze zu legen!" Die anderen Puppen stimmen zu. Am nächsten Tag finden die Kinder folgenden Brief.

> **Liebe Kinder,**
>
> uns ist es nachts immer so kalt. Bitte legt uns nach dem Spielen wieder in unsere Betten und deckt uns gut zu. Denkt doch bitte auch daran, uns wieder richtig anzuziehen.
>
> **Vielen Dank!**
>
> **Eure Puppen**

Schreiben Sie den Brief ab oder kopieren ihn, legen ihn in einen Umschlag und geben ihn den Kindern. Wenn die Kinder mal nicht aufräumen wollen, dann weisen Sie einfach wieder auf den Brief hin.

Freitag ist Krachtag

Sicherlich kennen Sie das: Die Kinder bauen aus Legosteinen, aus Bauklötzen oder aus ganz anderen Materialien die tollsten Bauwerke und bitten Sie, diese stehen lassen zu dürfen. Doch wie lange oder bis wann ist es sinnvoll? Am einfachsten für alle ist es, wenn alles immer bis zum nächsten Freitag stehen bleiben darf.

Freitag ist dann Krachtag, an dem die Bauwerke zusammenkrachen, also von den Kindern kaputtgemacht werden.

Wenn Sie sich an diese Regelung halten, dann ersparen Sie sich endlose Diskussionen mit den Kindern. Für die betreffenden Kinder kann es ein Trost sein, wenn Sie vorher noch Digitalfotos von den Bauwerken machen. Diese müssen nicht unbedingt ausgedruckt werden. Den meisten Kindern reicht es, dass ihr Bauwerk fotografiert wurde.

Lassen Sie keinesfalls zu, dass die Gebäude länger stehen bleiben. Dann werden die Kinder einsehen, dass es keine Ausnahmen von der Regel gibt.

Die Guten ins Töpfchen ...

Steckperlen, Magnete, Fädelperlen, Schnüre, Papiere und ähnliche Dinge müssen von Zeit zu Zeit geordnet werden. Defekte Teile müssen aussortiert werden, falsche Teile an die richtigen Stellen gebracht werden. Wenn die Kinder beim Sortieren mitgeholfen haben und wissen, was für eine Arbeit darin steckt, dann werden sie beim Umgang mit den Dingen wesentlich vorsichtiger und gewissenhafter sein.

STUHL TRAGEN, STUHLKREIS BILDEN

Gezielt auf die Schule vorbereiten

ZUM THEMA

Wenn Sie mit den Kindern Geburtstag feiern oder etwas gemeinsam besprechen wollen, dann geht das am besten im Kreis. Man kann einen Sitzkreis auch mit Kissen auf dem Fußboden bilden, allerdings eignet sich das nicht für alle Spiele. Zudem sollten die Kinder auch lernen, Stühle zu tragen.

Von der Kraft her schaffen es die Kinder meistens recht schnell, allerdings fehlen ihnen die Koordination und das Verständnis dafür, wie der Stuhl getragen werden muss. Sie haben kein Gespür dafür, ob und wie sie jemanden verletzen können und wie sie dies besser umgehen würden.

Sie müssen das Verständnis der Kinder wecken, vorsichtig zu sein. Das können Sie dadurch, dass Sie die Kinder immer wieder darauf hinweisen, die Stühle so zu tragen, wie Sie es gemeinsam geübt haben. Das bedeutet für Sie aber auch, dass auch Sie sich daran halten müssen und die Stühle nicht über die Köpfe der Kinder schwenken.

HILFEN DURCH ELTERN

Eigentlich können die Eltern Ihnen hier nur recht wenig abnehmen. Allerdings ist es gut, wenn sie die Kinder auch zu Hause ab und zu mal etwas tragen lassen. Sie sollen den Kindern nicht alle Stolpersteine aus dem Weg räumen – nur so können Kinder wirklich lernen!

IDEEN, SPIELE, ANREGUNGEN

Übungen in der Turnhalle

In der Turnhalle können Sie eine Menge Vorübungen mit den Kindern machen. Bestimmt haben Sie große Schaumstoffwürfel. Diese sind für Kinder ähnlich schwer und unhandlich wie Stühle. Sie können die Kinder diese Würfel zunächst einmal nur durch die Halle tragen lassen.

In der Gruppe ist ja später weniger Platz als in der Turnhalle. Bauen Sie darum für die Kinder ein paar Hindernisse auf, damit sie sich daran gewohnen, um etwas herumzugehen. Polstern Sie die Hindernisse aber am Anfang gut mit weichen Matten ab, damit die Kinder sich nicht wehtun oder gar verletzen, wenn sie umfallen.

Als Hindernisse können Sie weitere Würfel nehmen bzw. Turnbänke oder Kästen aufstellen, um die herum die Würfel getragen werden müssen. Veranstalten Sie auch Wettkämpfe, bei denen die Kinder in zwei Mannschaften die Würfel um die Hindernisse herumtragen.

Vielleicht können Sie auch ein paar Stühle in die Turnhalle holen, mit denen die Kinder dann den Parcours durchlaufen.

Das richtige Tragen eines Stuhls

Kinder kommen auf die interessantesten Ideen, einen Stuhl zu tragen. Dabei gibt es für Kindergartenkinder eigentlich nur eine Art und Weise, wie sie dies tun sollten. Zunächst stellen sie sich hinter der Rückenlehne des Stuhls auf.

56

Der Stuhl wird nun mit der rechten und der linken Hand an der Rückenlehne oder an den Holmen unterhalb der Rückenlehne gefasst.

Schließlich beugt das Kind die Knie und hebt beim Hochkommen den Stuhl an. Mit dem Stuhl läuft es dann vorsichtig nach vorwärts bis zum gewünschten Platz und achtet dabei auf die anderen Kinder.

Das Tragen können Sie mit den Kindern auch in der Turnhalle üben. Mit Musik macht es den Kindern bestimmt eine Menge Spaß. Lassen Sie die Kinder um den Stuhl herumlaufen, auf ihn klettern, ihn dann wieder hochheben und an einen anderen Platz tragen.

Spiele im Stuhlkreis

Es muss für die Kinder einen Sinn machen, einen Stuhlkreis zu bilden. Sie würden nicht verstehen, wenn Sie dies nur zur Probe üben. Dinge, die für die Kinder unsinnig sind, machen sie nur ungern. Es hält sie vom Spielen ab, das ihnen Spaß bereitet.

Der Stuhlkreis bietet besonders für kleine Kinder eine gute Möglichkeit, erste soziale Erfahrungen zu sammeln. Im Stuhlkreis ist rundum ein Blickkontakt möglich, sodass das Verhalten von anderen abgeschaut und nachgeahmt werden kann. Darum können die Kinder bei dieser Sozialform viel lernen.

Im Stuhlkreis oder mit Stühlen sollten Sie mit den Kindern interessante Sachen tun. Einige der folgenden Spiele sind zwar schon etwas älter, geraten aber manchmal in Vergessenheit – und den Kindern machen sie eine Menge Spaß! Sie zeigen ihnen auch, wie man sich ohne viel Aufwand und ohne teures Spielzeug mit sich selbst und ein paar Freunden beschäftigen kann.

- *Armer schwarzer Kater:* Die Kinder sitzen im Kreis. Ein Kind ist in der Mitte des Stuhlkreises und spielt die Katze, besser gesagt einen schwarzen Kater. Es geht von einem Kind zum nächsten und miaut dabei kläglich. Die Kinder müssen ganz ernst bleiben und „Armer schwarzer Kater" sagen. Wer dabei lachen muss, tauscht mit dem Kater die Position und spielt nun den Kater. Der bisherige Kater setzt sich auf den Platz des Kindes.

- *In den Brunnen gefallen:* Legen Sie eine Decke in die Mitte des Stuhlkreises. Das ist der Brunnen. Ein Kind liegt auf der Decke und ruft: „Hilfe, ich bin in den Brunnen gefallen!" Die anderen Kinder rufen: „Wie tief ist er denn?" Das Kind antwortet mit einer Zahl. Dann fragen die anderen Kinder: „Und wie können wir dich rausholen?" Das Kind in der Mitte wählt sich etwas aus, das die anderen Kinder nachmachen können, wie Zähneputzen oder das Lesen eines Buches. Das führen die Kinder pantomimisch aus. Nach einer Weile sucht sich das Kind im Brunnen ein neues Kind aus, das nun in den Brunnen fällt.

- *Zauberstein:* Sie haben einen „Zauberstein". Eines der Kinder muss nach draußen gehen. Dann wird der Stein bei einem der Kinder im Stuhlkreis versteckt. Dieses Kind ist nun durch den Stein verzaubert. Das Kind, das draußen war, kommt wieder herein und gibt den Kindern im Kreis pantomimische Aufgaben, die sie erfüllen müssen. Nur das Kind mit dem Zauberstein tut ganz andere Dinge. Sollen sich die Kinder am Fuß kratzen, kratzt es sich zum Beispiel am Kopf. Wenn die Kinder so tun sollen, als würden sie Auto fahren, dann strampelt es mit den Beinen, als würde es Rad fahren. Dieses Kind muss erkannt werden und darf dann im Anschluss nach draußen gehen.

- *Hänschen, piep mal:* Alle Kinder bis auf eines sitzen im Stuhlkreis. Das Kind, das nicht sitzt, bekommt die Augen verbunden. Die anderen Kinder tauschen schnell und vor allem leise die Plätze. Das Kind mit den verbundenen Augen setzt sich nun bei einem Kind auf den Schoß und sagt: „Hänschen, piep mal!" Das Kind, das unten sitzt, muss einen Ton von sich geben. Nun muss geraten werden, um welches Kind es sich handeln könnte. Wurde richtig geraten, dann tauschen die beiden Kinder ihre Rollen. Wurde falsch geraten, dann muss das Kind mit den verbundenen Augen zum nächsten Kind gehen.

- *Reise nach Jerusalem:* Die Stühle werden in zwei Reihen mit dem Rücken zueinander aufgestellt. Es ist genau ein Stuhl weniger dabei, als Kinder mitmachen. Solange Musik läuft oder auf eine Trommel geklopft wird, laufen die Kinder in eine Richtung um die Stühle herum. Stoppt die Musik, muss sich jedes Kind auf einen Stuhl setzen. Derjenige, der keinen Stuhl mehr bekommt, scheidet aus. Vorher nimmt er sich jedoch noch einen Stuhl aus der Reihe mit, auf den er sich außerhalb des Spiels setzen kann.

- *Wir alle zusammen:* Dieses Spiel wird eigentlich genauso gespielt wie die Reise nach Jerusalem. Allerdings sucht sich das Kind, das keinen Platz mehr bekommt, Platz bei einem anderen Kind auf dem Schoß. Die Kinder helfen sich dabei gegenseitig und halten sich fest, damit sie nicht umfallen. Spannend wird es zum Schluss, wenn nur noch wenige Stühle übrig sind. Wie viele Kinder passen zusammen auf einen Stuhl? Gewinnen kann nur die ganze Gruppe zusammen, wenn die Kinder nicht umfallen. Beim Wegtragen der Stühle helfen die Kinder natürlich mit.

- *Blinzeln:* Sie benötigen eine ungerade Anzahl Mitspieler. Immer zwei Kinder und das Kind, das allein ist, holen sich einen Stuhl. Die Stühle werden im Kreis aufgestellt. Ein Kind stellt sich hinter den Stuhl, ein anderes Kind setzt sich darauf. Das Kind, das allein ist, stellt sich auch hinter seinen Stuhl. Es blinzelt einem sitzenden Kind zu. Klappt das mit dem Blinzeln noch nicht gut, dann können die Kinder auch nicken oder auf eine andere möglichst unauffällige Art auf sich aufmerksam machen.
Das sitzende Kind läuft zu dem Kind hin, das es angeblinzelt hat, das dahinterstehende Kind versucht aber gleichzeitig, es aufzuhalten. Gelingt die Flucht, dann stellt es sich hinter den Stuhl des Kindes, das ihm zuvor zugeblinzelt hat und nun auf dem leeren Stuhl sitzt.
Das Kind, das nun niemanden mehr vor sich sitzen hat, muss einem anderen Kind zublinzeln.

- *Schuhe für die Stühle:* Immer zwei Kinder bilden eine Gruppe. Zu jeder Gruppe gehört außerdem noch ein Stuhl. Auf ein Kommando geht es los. Die Kinder ziehen ihre Schuhe aus und stellen den Stuhl auf diese Schuhe. Dazu ist es wichtig, dass der Schuh vier Beine hat und keine Schienen.

- *Mein Stuhl ist ein ...:* Kinder verfügen über eine riesige Fantasie. Geben Sie ihnen ein paar Pappkartons und ein paar Stühle, vielleicht noch die eine oder andere Decke. Daraus dürfen die Kinder nun etwas bauen. Die Stühle werden zur Mondrakete oder zum Rennwagen, zu einer Kutsche oder einem Schiff ...

Sich vielfältig und geschickt bewegen

Den eigenen Körper wahrnehmen und sich bewegen

Zum Thema

Bedingt durch eine veränderte Kindheit werden viele Kinder heute immer unbeweglicher. Das Klettern auf Bäumen ist den meisten versagt, das Balancieren auf der Mauer des Nachbarn verboten, das Herumspringen auf dem Bordstein einfach viel zu gefährlich. Kinder streunen nicht mehr allein durch Wälder und nachmittags nehmen elektronische Spiele oder der Fernseher leider oft einen viel zu hohen Stellenwert ein. Bewegungsmangel und damit verbundene Krankheiten können die Folge sein.

Vielen Kindern fehlt das richtige Körpergefühl. Damit steigt die Gefahr, dass die Kinder sich verletzen. Sie können die Kinder gezielt zu Bewegung, die ihnen Spaß macht, motivieren und sie so dazu anspornen, sich selbst mehr zu bewegen. Dazu ist es wichtig, ihnen zu zeigen, wie sie sich ohne großen Aufwand ungefährlich bewegen können.

Allerdings müssen Kinder auch lernen, wo sie nicht klettern dürfen. Treppengeländer, Tische in der Gruppe, Fensterbänke und so weiter eignen sich natürlich nicht. Unterbinden Sie ein solches Verhalten unbedingt.

Hilfen durch Eltern

Bitten Sie die Eltern, ihre Kinder, wo es geht, zur Bewegung aufzufordern. Sie sollen auf Spielplätzen, in Gärten und Parks toben. Sie sollen in den Wald gehen, auf Bäume klettern, schaukeln, wippen und so weiter. Vielleicht können Sie gemeinsam ein paar Spiele mit den Eltern ausprobieren oder mit ihnen und den Kindern einen Spaziergang durch die nähere Umgebung machen, damit sie nicht nur theoretisch erfahren, was sie mit ihren Kindern unternehmen können.

Legen Sie in Ihrer Einrichtung auch die Programme von Sportvereinen aus und machen die Eltern darauf aufmerksam. Auch schon für kleine Kinder gibt es oft tolle Bewegungsangebote.

Spielen und Wahrnehmen mit allen Sinnen

Spiele, Ideen, Anregungen

In der Turnhalle

In manchen Einrichtungen gibt es das Konzept, dass die Kinder in der Turnhalle machen können, was sie möchten. Der Vorteil ist, dass die Kinder so auf viele Ideen kommen und ihre eigene Kreativität ausleben können. Doch auf der anderen Seite ist es auch wichtig, dass die Kinder neue Anregungen von außen bekommen, die sie dann in freien Stunden wieder umsetzen, verändern und neu ausprobieren können. Außerdem sollten die Kinder viele verschiedene Geräte zur Verfügung haben. Dafür brauchen sie aber Ihre Anleitung.

Im Folgenden finden Sie einige Spielideen, mit denen Sie das Körpergefühl der Kinder mit wenig Aufwand fördern können:

- *Balancieren:* Manche Kinder trauen sich vielleicht noch nicht von Anfang an zu balancieren. Selbst eine Bank ist ihnen zunächst zu hoch. Legen Sie einfach mehrere Seile in einer Reihe aus, über die die Kinder balancieren. Ein besseres Körpergefühl haben die Kinder, wenn sie dazu keine Schuhe tragen, sondern in möglichst dünnen Socken oder im Sommer barfuß über die Seile balancieren. Sie können ein paar („wilde") Stofftiere neben den Seilen aufstellen und den Kindern mitteilen, dass sie sich nun im Dschungel befinden und schnell durch den Urwald laufen müssen. Die Seile sind die Lianen, die den Kindern helfen, den Weg zu überwinden.

- Natürlich können die Kinder auch Hochseilartisten sein, die im Zirkus unter der Kuppel auftreten und dort ihre Kunststücke vorführen. Dabei müssen sie sich nicht schnell über die Seile bewegen, sondern möglichst kunstvoll und grazil aussehen. Sie können den Kindern dazu Turnstangen geben, die sie wie die Artisten im Zirkus halten sollen. Wenn Sie möchten, können sie die Kinder als Artisten „verkleiden", indem sie ihnen bunte Tücher umbinden. Die Kinder, die gerade nicht balancieren, können die Tücher auch hochwerfen und wieder fangen. Am besten eignen sich dazu Jongliertücher oder leichte Chiffontücher.

Bauen Sie mit den Kindern Turnbänke auf. Sie haben dabei einmal die Möglichkeit, sie richtig herum hinzustellen oder Sie stellen die Bänke mit der schmalen Seite auf den Boden. Dann ist es schwieriger für die Kinder, darüber zu balancieren. Helfen Sie ängstlichen und unsicheren Kindern, indem Sie ihnen die Hand reichen. Diese Geste ist zum einen eine Hilfe beim Überqueren der Bank und zum anderen auch ein Zeichen für die Kinder, dass sie auf Ihre Hilfe vertrauen dürfen.

Die Bänke können Brücken über gefährliche Schluchten oder reißende Flüsse darstellen. Wenn Sie zwei Bänke haben, dann können Sie auch Staffeln organisieren. Die Kinder werden in zwei Gruppen eingeteilt und müssen nun Bälle von der einen Seite auf die andere bringen. Die Bälle sind Goldklumpen, die natürlich so schnell wie möglich auf der anderen Seite ankommen müssen, weil damit ein großes Grundstück gekauft werden soll. Die Gruppe, die zuerst da ist, darf entscheiden, was dort gebaut wird – ein Spielplatz, eine Eisdiele, ein Sportplatz oder was auch immer.

- *Seilspringen:* Eine gute Koordinationsübung ist das Seilspringen. Kleine Kinder können es noch nicht ohne Hilfe. Es ist für die Kinder zunächst viel einfacher, über ein langes sich drehendes Seil zu springen als selbst ein Seil zu drehen. Umso länger das Seil ist, desto langsamer lässt es sich drehen und es können viele Kinder gleichzeitig springen.

Natürlich können Sie einfach zählen, wie oft ein Kind springt. Eine andere Möglichkeit ist es, mit den Kindern ein Lied zu singen. Das Lied geht ganz einfach und wird in dem Takt gesungen, in dem auch das Seil gedreht wird.

mündlich überliefert

Teddybär, Teddybär ...

1. Ted – dy – bär, Ted – dy – bär, dreh dich um.
   Ted – dy – bär, Ted – dy – bär, mach dich krumm.

2. Teddybär, Teddybär, bau ein Haus.
   Teddybär, Teddybär, lauf heraus.

Die Kinder können dazu Bewegungen machen.
Bei der ersten Zeile drehen sie sich beim Springen um.

SICH VIELFÄLTIG UND GESCHICKT BEWEGEN

Bei der zweiten Zeile („mach dich krumm") beugen die Kinder den Oberkörper nach vorne.

Bei „bau ein Haus" nehmen die Kinder beide Hände über den Kopf und bilden damit ein Hausdach.

Bei „lauf heraus" können die Kinder aus dem Seil herauslaufen und anschließend wird gewechselt.

- *Gymnastikbälle:* Sicher sind in Ihrer Einrichtung verschiedene Gymnastikbälle vorhanden. Nutzen Sie diese, um das Körpergefühl der Kinder zu fördern. Die Bälle sollten nicht zu groß sein. Wenn die Kinder sich auf die Bälle setzen, sollten sie ihre Füße auf den Boden stellen können. Das aktive Sitzen verlangt von den Kindern zunächst viel Aufmerksamkeit und Körperkontrolle. Ebenfalls eine gute Übung ist es, sich mit dem Bauch auf den Ball zu legen und darüber zu rollen, was für kleine Kinder aber noch ein bisschen schwierig ist.

Draußen

Versuchen Sie auf Ihrem Freigelände, einen Spielplatz für die Kinder anzulegen, auf dem sie viel ausprobieren können. Ein flaches Gelände ist dazu nicht so gut geeignet wie eines, das hügelig ist und Rückzugsmöglichkeiten bietet. Obwohl Sie natürlich ständig wissen müssen, was die Kinder tun, sollen die Kinder das Gefühl haben, dass sie nicht ständig beobachtet werden, Sie aber immer da sind und ihnen helfen können.

- *Baumstämme:* Fragen Sie die Eltern, den Förster oder beim Bauamt nach Holzstämmen. Legen Sie diese mithilfe der Eltern auf Ihrem Spielplatz aus. Kleine abstehende Äste sollten zuvor abgeschnitten werden. Häufen Sie unter den Stämmen Erde an, damit sie beim Spielen nicht wegrollen können.

- *Kleine Mauer:* Bestimmt haben Sie kundige Eltern in Ihrer Einrichtung, die Ihnen helfen können, eine kleine Mauer (nicht höher als zwei bis drei Steinreihen) fest mit Zement zu bauen. Die Kinder werden diese Mauer gerne erklettern. Damit nichts passieren kann, wenn die Kinder herunterspringen, sollte die Mauer nicht zu hoch sein. Zum Abspringen können die Kinder auch verschiedene Stellen im Freigelände nutzen. So ist es ein Unterschied, ob ein Kind aus Sand, aus Gras oder von einem Steinboden aus abspringt. Für die kleineren Kinder ist der Schlusssprung (Sprung mit geschlossenen Beinen) meist einfacher, wobei die Beine oft nicht gleichzeitig auf der Erde ankommen, aber auch das ist eine reine Übungssache. Schwieriger ist der Froschsprung (Fingerspitzen berühren die Zehen). Wer schafft es, am weitesten zu springen?

- *Laufräder:* Laufräder sind gute Übungsgeräte für Kindergartenkinder. Sie können damit lernen, das Gleichgewicht zu halten. Der Erlös eines Flohmarktes oder Sommerfestes eignet sich sehr gut dazu, Laufräder neu anzuschaffen. Solche Anschaffungen, von denen die Kinder direkt einen Nutzen haben, kommen auch bei den Eltern immer recht gut an.

- *Bälle:* Einfache Bälle bekommen Sie oft als Werbegeschenke. Fragen Sie doch in Geschäften oder bei Sparkassen nach und stocken Sie den Vorrat Ihrer Einrichtung immer wieder auf.
  Die größeren Jungen kommen schnell auf die Idee, Fußball zu spielen. Das ist in vielen Einrichtungen nicht möglich. Es gibt aber zahlreiche andere Spiele, die die Kinder mit einem Ball machen können: Sie können sich den Ball zuwerfen, zurollen, den Ball um den eigenen Körper rollen, um den Körper eines anderen Kindes rollen, mit dem Ball zwischen den Beinen laufen oder hüpfen. Selbst sitzen können Kinder auf dem Ball.

- *Große Spielgeräte:* Besonders Spielgeräte, die den Gleichgewichtssinn und die Bewegung fördern, zum Beispiel Rutschen, Schaukeln, Wippen, Klettergerüste und so weiter, sind geeignet. Gerade Kinder, die oft hinfallen und noch ungelenk in ihrer Bewegung wirken, sollten viel schaukeln.

Im Gelände

Die folgenden Spielideen können Sie alleine mit den Kindern oder mit den Eltern zusammen durchführen.

- *Schnitzeljagd:* Eine Erzieherin oder die Eltern bereiten eine Jagd vor, die durch Wiesen und Wälder führt. Die Wege werden mit Straßenmalkreide eingezeichnet, die sich beim nächsten Regen wieder auswäscht.
  Dabei können an bestimmten Stellen Übungen eingebaut sein, wie das Springen über einen Graben oder das Balancieren auf Stämmen (immer vorher auf Stabilität prüfen). Am Ende wartet eine tolle Überraschung auf die Kinder: ein Saftbuffet, heißer Kakao und Kuchen im Wald oder gegrillte Würstchen, wenn ein Grillplatz in der Nähe ist. Falls Sie Eltern aus dem ländlichen Raum oder mit einem großen Garten haben, finden Sie bestimmt auch jemanden, der gerne seinen Garten für eine kleine Party zur Verfügung stellt.

- *Spurensuche:* Da Waldböden in der Regel (außer im Hochsommer) immer ein wenig feucht sind, zeichnen sich die Abdrücke von Tieren sehr gut darin ab. Suchen Sie gemeinsam Spuren und überlegen Sie mit den Kindern, von welchem Tier diese Spuren kommen könnten. Stellen Sie sich zusammen vor, was für Bewegungen die Tiere machen könnten. Schreiben oder malen Sie die Tiere auf und versuchen Sie, später im Kindergarten einen Rückblick zu schaffen, was für Spuren Sie entdeckt haben.

- *Spiele im Park:* Im nahe gelegenen Park kann man auf der Wiese wunderbar spielen. Ein Schwungtuch und ein paar Bälle sind schnell mitgenommen und viele der alten Kreisspiele können ohne großen Aufwand im Freien gespielt werden.
  Auch auf vielen Spielplätzen gibt es schöne Geräte, die den Kindern enormen Spaß machen.

LAGE IM RAUM ERKENNEN

Gezielt auf die Schule vorbereiten

ZUM THEMA

Kinder haben im Alter von drei Jahren oft noch kein Empfinden für die Lagebeziehungen im Raum. „Oben" und „unten" können die Kinder am schnellsten unterscheiden. Schwieriger wird es bei „vorne" und „hinten", was in unserem Sprachgebrauch auch nicht immer eindeutig voneinander abgegrenzt ist. So werden die Begriffe „da vorne" und „da hinten" oft gleichwertig verwendet. Die Bezeichnungen „rechts" und „links" sind für Kinder in diesem Alter noch nicht so relevant und darum verwenden die Kinder sie meistens nach dem Zufallsprinzip. Die „Trefferrate" liegt dabei in der Regel auch bei ungefähr 50 Prozent.

Bis zum Schuleintritt sollten die Kinder die Lagebeziehungen unterscheiden können, auch wenn sie mit den Bezeichnungen noch nicht ganz sicher sein müssen. Beim Erlernen der Buchstaben hat die optische Unterscheidung einen viel höheren Stellenwert als die richtige Benennung. So können die Kinder zum Beispiel die Buchstaben b, p, q und d nur dann unterscheiden, wenn sie die Fähigkeit zum Erkennen der Lage haben. Sonst würden die Kinder solche Buchstaben als gleich wahrnehmen, was wiederum zu einer Verzögerung des Lesen- und Schreibenlernens führen kann. Und das kann zu einem Auslöser für eine Lese-Rechtschreib-Schwäche werden. So süß es bei einem kleinen Kind vielleicht noch klingt, wenn es sagt, dass „da hinten vorne" ein Bus ist, so schwierig ist es, wenn die Lagebeziehungen bei Schuleintritt noch nicht gefestigt sind. Wenn die Kinder Bewegungen nachmachen sollen, ist es für eine korrekte Verwendung der Begriffe „rechts" und „links" wichtig, dass die vormachende Person den Kindern den Rücken zudreht, denn sonst muss entweder diese Person oder die Kinder spiegelverkehrt arbeiten. Selbst im Kreis ist das für die direkt gegenübersitzenden Kinder problematisch.

HILFEN DURCH ELTERN

Sensibilisieren Sie die Eltern, die räumlichen Beziehungen mit den Kindern einzuüben. Dabei macht ein „Abfragen" der Lagebeziehungen wenig Sinn, vielmehr sollten diese im Alltag verwendet werden. Beispielsweise können die Eltern die Kinder beim Frühstück bitten, ihnen die Marmelade zu reichen, die hinter der Butter steht. Die Kinder können dazu aufgefordert werden, aus dem oberen Fach im Kühlschrank etwas zu nehmen. Oder es sind im linken Schrank ein paar Bonbons versteckt. Natürlich wollen die Kinder diese gerne finden. Beim Anziehen eines Pullovers können die Eltern und Kinder mitsprechen: Erst werden die Arme nach oben gestreckt, dann dürfen sie wieder runter. Die Kinder sollen entscheiden, was bei der Hose nach vorne und was nach hinten gehört. Erst werden die Socken und Schuhe an den rechten, dann an den linken Fuß angezogen oder umgekehrt. Aus solchen Alltagssituationen lernen die Kinder am schnellsten und effektivsten.

Bei diesem Thema bietet es sich an, mit den Eltern gemeinsam auf einem Elternnachmittag zunächst theoretisch zu arbeiten. Um die Eltern auf die Problematik einzustimmen, können Sie ihnen zwei identische Tassen zeigen. Bei der einen Tasse zeigt der Henkel nach rechts und bei der anderen nach links. Nahezu jeder würde nun bestätigen, dass es sich um zwei gleiche Tassen handelt. So kann es Kindern auch bei der ersten Berührung mit Buchstaben gehen. Sie erkennen nicht, ob es sich um n, h, m oder r handelt. Machen Sie die Eltern so darauf aufmerksam, wie wichtig die Lagebeziehungen für den Lese- und Schreiblernprozess sind. Im Anschluss lassen Sie die Eltern in Kleingruppen praktische Situationen aufschreiben, die den Kindern im Alltag helfen, ein Verständnis für die Lagebeziehungen zu entwickeln. Die Situationen können Sie auf kleine Kärtchen schreiben (und vielleicht zeichnen) lassen. Anschließend kleben Sie diese auf ein Plakat, das Sie in Ihrer Einrichtung für alle sichtbar aufhängen.

Ideen, Spiele, Anregungen

Rechts ein Bändchen

Für Kinder ist es zweitrangig, wo rechts und wo links ist, abgesehen vielleicht von den Schuhen, die ein wenig drücken, wenn sie falsch herum angezogen werden. Ein kleines geflochtenes Armbändchen kann hier Abhilfe schaffen. Die Kinder dürfen das Freundschaftsbändchen am rechten Arm tragen. Erzählen Sie den Kindern immer wieder, dass sie das Bändchen rechts tragen. Vielen Kindern hilft dies, sich besser zu orientieren.

Pferderennen

Stellen Sie alle Stühle hintereinander auf. Sie setzen sich auf den ersten Stuhl, die Kinder sitzen hinter Ihnen. Zunächst geben Sie die Aktionen vor, später kann ein Kind die Rolle des Spielleiters übernehmen. Es wird eine Geschichte erzählt, in der die folgenden Wörter immer wieder vorkommen. Die Kinder müssen sich dann genauso verhalten, wie unten angegeben.

- *Hufgetrappel:* Die Kinder stampfen mit den Füßen auf den Boden.
- *Rechtskurve:* Alle beugen sich zur rechten Seite.
- *Linkskurve:* Alle beugen sich zur linken Seite.
- *Zuschauertribüne:* Die Kinder reißen die Arme nach oben und jubeln.

Das Ganze ist auch übertragbar, zum Beispiel auf ein Autorennen. Statt „Hufgetrappel" gibt es das „Motorengeräusch" (ein Brummen, das mit dem Mund gemacht wird). Die übrigen Signalwörter werden vom Pferderennen übernommen. Zusätzlich können Sie noch „Schalten" einfügen. Dazu müssen die Kinder das linke Bein vorstrecken, mit dem rechten Arm schalten und dabei „klack" sagen.

Ich sehe was, was du nicht siehst, und das liegt ...

Bei dieser Variante des bekannten Spiels geben Sie nicht die Farbe des gesuchten Gegenstandes an, sondern die Lage. Es können vor allem die Begriffe „oben", „unten", „links", „rechts", „hinten" und „vorne" geübt werden.

Beispiel: „Ich sehe was, was du nicht siehst, und das ist über der Gardine." Oder: „Ich sehe was, was du nicht siehst, und das liegt unter dem Tisch!"

Die Kinder werden sich schnell an die neue Version gewöhnen und viel Spaß beim Spielen haben.

Drachenjagd

Im Spiel wilde Tiere zu jagen, ist für die Kinder sehr aufregend. Folgendes Spiel handelt von Drachen. Sie können aber auch jedes andere gefährliche Tier nehmen, das Ihnen dazu einfällt. Den „Weg" können Sie ebenfalls beliebig abändern oder verlängern. Auch bei diesem Spiel sitzen oder stehen die Kinder hintereinander oder nebeneinander.

Zur Zeile „Wir gehen heut auf Drachenjagd ..." klopfen sich die Kinder im Rhythmus abwechselnd auf den rechten und linken Oberschenkel. Die Wiederholung der Zeile wird jeweils immer etwas schneller gesprochen. Jeweils zum Text passend wird die Richtung (rechts – links – oben – unten) angezeigt. Schwimmen, klettern und so weiter deuten die Kinder mit den Armen an.

Text:

Wir gehen heut auf Drachenjagd und haben keine Angst! *Schneller!*
Wir gehen heut auf Drachenjagd und haben keine Angst!

Wir gehen los und kommen an einen tiefen Bach.
Wir kommen nicht rechts vorbei.
Wir kommen nicht links vorbei.
Wir kommen nicht oben drüber und wir kommen nicht unten durch.
Wir müssen durch den Bach schwimmen.
Puh! Geschafft!

Wir gehen heut auf Drachenjagd und haben keine Angst! *Schneller!*
Wir gehen heut auf Drachenjagd und haben keine Angst!

Wir gehen weiter und kommen an glitschige Felsen.
Wir kommen nicht rechts vorbei.
Wir kommen nicht links vorbei.
Wir kommen nicht oben drüber und wir kommen nicht unten durch.
Wir müssen über die Felsen klettern.
Puh geschafft!

Wir gehen heut auf Drachenjagd und haben keine Angst! *Schneller!*
Wir gehen heut auf Drachenjagd und haben keine Angst!

Wir gehen weiter und kommen an einen tiefen dunklen Wald.
Wir kommen nicht rechts vorbei.
Wir kommen nicht links vorbei.
Wir kommen nicht oben drüber und wir kommen nicht unten durch.
Wir müssen uns durch die Tannen schlagen.
Puh geschafft!

Wir gehen heut auf Drachenjagd und haben keine Angst! *Schneller!*
Wir gehen heut auf Drachenjagd und haben keine Angst!

Wir gehen weiter und sehen plötzlich auf dem Feld einen grünen Drachen sitzen. Der Drache spuckt Feuer. Uns wird ganz schrecklich heiß und wir laufen ganz schnell zurück nach Hause. Wir schlagen uns durch die Tannen, wir klettern über die Felsen und schwimmen durch den tiefen Bach!

Wir waren heut auf Drachenjagd und hatten keine Angst. *Schneller!*
Wir waren heut auf Drachenjagd und hatten keine Angst.

Winkehit

Auch zu diesem Lied werden die Richtungen mit den Armen angezeigt. Das Lied wird wie ein Rap gesprochen. Statt „XY" können Sie einen beliebigen Namen einsetzen. Die Hände winken immer an den entsprechenden Stellen.

Text:

Hey, XY!
Du bist ein toller Typ!
Wir singen einen coolen Hit!

Wir winken oben – winke winke!
(Die Hände werden in die Höhe gehalten und winken.)
Wir winken unten – winke winke!
(Die Hände werden nach unten gehalten und winken.)

Wir winken rechts – winke winke!
(Die Hände werden ganz weit nach rechts gestreckt und winken von dort.)

Wir winken links – winke winke!
(Die Hände werden ganz weit nach links gestreckt und winken von dort.)

Wir winken vorne – winke winke!
(Die Hände winken vor dem Bauch.)

Wir winken hinten – winke winke!
(Die Hände winken hinter dem Rücken.)

Anweisungen beim Malen

Hierzu können Sie den Kindern entweder ein komplett leeres Blatt geben oder ein Blatt mit einem vorgezeichneten Motiv (zum Beispiel ein Haus).

Geben Sie den Kindern Anweisungen, was sie wohin zeichnen sollen. Beispiele: „Über dem Haus fliegt ein Vogel." „Hinter dem Haus schaut ein kleiner Hase hervor." „Rechts neben dem Haus ist eine Blume zu sehen." Wenn Sie möchten, können Sie die Farben hinzunehmen. Es steht also nicht nur eine Blume neben dem Haus, sondern es handelt sich dabei um eine rote Blume.

Es ist interessant zu sehen, dass manche Kinder die schönsten Bilder malen, aber die angegebenen Figuren an die falschen Stellen setzen. Andere können nicht gut malen, aber ein roter Punkt ist statt der Blume an der richtigen Stelle zu erkennen.

TISCH DECKEN

Gezielt auf die Schule vorbereiten

ZUM THEMA

Diese Alltagsfertigkeit sollten Kinder unbedingt beherrschen. Zu Anfang ist es für die Kinder recht schwierig, einen Tisch zu decken. Sie wissen nicht, was sie auf den Tisch stellen sollen und sind mit der Anzahl des Geschirrs überfordert. Beginnen Sie deshalb langsam und loben Sie jeden kleinen Fortschritt der Kinder. Die Kinder sollen mit zunehmendem Alter immer eigenständiger essen können, statt alles mundgerecht auf den Teller zu bekommen. Sie sollten auch in der Lage sein, sich Getränke einzugießen, ohne dabei auf dem Tisch ein totales Chaos zu veranstalten. Aber durch Übung und Wiederholung werden es bestimmt alle Kinder bald schaffen.

Entscheiden Sie, ob Sie in Ihrer Einrichtung Plastikgeschirr oder richtiges Geschirr verwenden wollen. Plastikgeschirr ist natürlich haltbarer, Porzellangeschirr kann zerbrechen. Häufig ist es jedoch so, dass die Kinder mit dem Porzellangeschirr wesentlich vorsichtiger umgehen und nur ganz selten einmal etwas herunterfallen lassen, da sie versuchen, die an sie gestellten Anforderungen zu erfüllen.

Sie müssen nicht jeden Tag vom guten Porzellan essen, doch Sie werden in Ihrer Einrichtung merken, dass die Kinder ein Gespür für einen schön gedeckten Tisch bekommen und sich dies dann auch auf das tägliche Frühstück überträgt. Schaffen Sie daher immer wieder Situationen, in denen gemeinsam am Tisch gegessen wird, und decken Sie jeweils mit unterschiedlichen Kindergruppen den Tisch. Der Umgang mit Flüssigkeiten will ebenso gelernt sein. Selbst Kinder, die schon lange in der Lage sind, aus einem Becher zu trinken, können sich oft noch nicht selbst etwas eingießen. Wir Erwachsene können aus unserer Erfahrung einschätzen, wie wir die Flasche oder den Getränkekarton halten müssen und wie die Flüssigkeit auf den Becherboden auftrifft. Falls es sich um einen leichten Plastikbecher handelt, muss dieser auch noch zusätzlich festgehalten werden. Bei Kindern klappt das oft überhaupt nicht und nicht selten wird etwas verschüttet. Schimpfen Sie die Kinder in so einem Fall nicht aus, sondern üben Sie einfach weiter.

HILFEN DURCH ELTERN

Eltern können ihre Kinder hier ganz entscheidend unterstützen. Oft ist es besser, wenn sie den Kindern weniger helfen. Schon ab einem Alter von eineinhalb bis zwei Jahren sind Kinder in der Lage, einen Teller und einen Becher auf den Tisch zu stellen. Manche Kinder tun dies immer dann, wenn sie Hunger haben, um so ihren Eltern zu zeigen, was sie wollen. Kinder in dieser Altersstufe fällt es oft leichter, sich mit Taten zu verständigen als mit Worten.

Häufig haben die Eltern Angst, dass ihre Kinder das Geschirr zerbrechen oder das Tischdecken dauert ihnen zu lange oder der gedeckte Tisch sieht vielleicht nicht so schön aus, wie sie es gern hätten. Damit sollten die Eltern einfach eine Zeit leben. Für die Kinder kann es eine Hilfe sein, wenn sie einen speziellen Bereich im Schrank haben, in dem ihr Geschirr steht. Dann finden Sie es auch alleine. Wenn die Eltern ihrem Kind noch kein Porzellangeschirr geben möchten, dann können sie schöne unzerbrechliche Teller und Becher für die Kinder besorgen, wovon es im Handel eine große Auswahl gibt. Zu beachten ist aber, dass nicht jedes Geschirr spülmaschinengeeignet ist. Dieses ist vielleicht etwas teurer, aber die Investition lohnt sich bestimmt. Kinder sind auch sehr stolz darauf, wenn sie ihr eigenes (kindgerechtes) Besteck haben. Sind die Kinder ein wenig älter (ab 3 Jahren), können die Eltern beginnen, sie den Tisch für alle Familienmitglieder decken zu lassen.

Erklären Sie das den Eltern und fordern Sie sie auf, ihren Kindern mehr zuzutrauen.

Ideen, Spiele, Anregungen

Puppenkaffeeklatsch

Natürlich dürfen die Puppen auch durch Bären oder andere Tiere ersetzt werden, wenn manche Jungen nicht mit Puppen spielen wollen. Wichtig ist jedoch, dass die Kinder die „Teilnehmer" des Kaffeetrinkens auf Stühle an einen Tisch setzen können.

Lassen Sie die Kinder den Tisch zunächst nur mit Tellern und Tassen bzw. Bechern decken. Später kommen Unterteller, (Spiel)löffel, -gabeln und -messer hinzu und vielleicht Servietten, die zunächst nur zu einem Dreieck gefaltet werden.

Servietten falten

Wenn Sie möchten, können Sie mit den Kindern das Falten von Papierservietten üben. Am einfachsten ist es, eine Serviette einmal in der Mitte diagonal zu falten, sodass ein Dreieck entsteht.

Mit etwas größeren Kindern können Sie Servietten falten, die man auf den Teller stellen kann. Dazu wird eine quadratische Serviette einmal auseinandergefaltet. Die beiden oberen Ecken dieses Rechtecks werden nach unten zur Mitte gefaltet, sodass ein Dreieck entsteht. Wenn man die Serviette leicht zusammengefaltet aufstellt, sieht es recht vornehm aus.

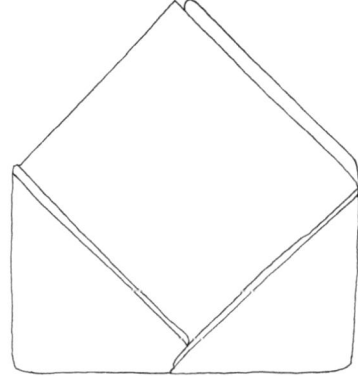

Einladungen

Es gibt eine Menge Menschen, die man an einem Nachmittag in den Kindergarten einladen kann: Freunde, die in einen anderen Kindergarten gehen, Mütter, Väter, Großeltern, ältere Geschwister und so weiter. Die Kinder haben kein Interesse an einem ausgedehnten Kaffee- bzw. Teetrinken – für sie steht das Spielen im Vordergrund, doch bei den Erwachsenen kommt das mit Sicherheit gut an. Die Kinder werden besonders stolz sein, wenn sie den Tisch gedeckt haben.

Die Aktion muss gut organisiert sein, denn der Tisch soll ja gedeckt sein, wenn die Kinder mit ihren Gästen eintreffen. Sie haben also am Nachmittag keine Zeit dafür. Am Vormittag spielen die Kinder eigentlich in der Gruppe. Verlagern Sie einfach ab einem bestimmten Zeitpunkt alle Gruppenaktivitäten nach draußen oder in die Turnhalle. Dort verabschieden Sie auch die Kinder. Zwischendurch gehen Sie immer wieder mit einigen Kindern in den Gruppenraum, um den Nachmittag vorzubereiten. Sie werden sehen, wie stolz die Kinder am Nachmittag mit ihren Gästen kommen und manche Kinder werden sich beim Essen bestimmt auch viel besser benehmen als sonst.

Wasserspiele

Kinder lieben es, mit Wasser zu spielen – leider bieten sich drinnen nur wenige Gelegenheiten dazu. Nutzen Sie deshalb warme Sommertage, dann dürfen die Kinder draußen so viel mit Wasser spielen, wie sie möchten.

Unterrichten Sie aber in jedem Fall die Eltern, dass sie den Kindern Badezeug oder andere Sachen mitgeben, die sie nass machen dürfen. Auch Handtücher und Wechselkleidung sollten vorhanden sein.

Stellen Sie den Kindern alles zur Verfügung, was sie benötigen, um Wasser einzugießen, auszuschütten oder von einem ins andere Gefäß umzufüllen. Becher, Dosen (ohne scharfe Kanten), Flaschen … in den verschiedensten Größen und ein Behälter mit Wasser sind dazu notwendig.

Gelegenheiten nutzen

Nutzen Sie auch beim Frühstück die Gelegenheit, Kinder selbstständig etwas eingießen zu lassen. Stellen Sie bitte dafür einen Eimer Wasser mit einem Lappen bereit, dann können die Kinder mit Ihrer Unterstützung eventuelle „Überschwemmungen" gleich selbst beseitigen.

Blumen gießen

Bestimmt haben Sie in Ihrem Gruppenraum oder an einer anderen Stelle in Ihrer Einrichtung Blumen stehen. Kinder verstehen schon bald, dass Blumen gegossen werden müssen, und übernehmen diese Aufgabe nur allzu gern. Mit einer kleinen Gießkanne mit einem langen dünnen Hals können die Kinder üben, Wasser in einen Blumentopf zu gießen. Auch dabei müssen sie lernen, das Wasser richtig zu dosieren. Durch den langen Hals der Gießkanne ist es aber deutlich einfacher, als aus einer Flasche auszugießen!

Gesundes Kinderbuffet

Bereiten Sie mit einigen Kindern ein Buffet für die anderen Kinder vor. Das Tischdecken ist dabei natürlich inbegriffen!

- *Schnelle leckere Brote:* Schneiden Sie ein kleines Kastenbrot nicht in senkrechte Scheiben, sondern mit einem scharfen Messer waagerecht auf. (Viele Bäckereien bieten auch an, Brote mit der Maschine aufzuschneiden.) Die langen Scheiben werden mit Butter oder Margarine bestrichen und dann nach Wunsch mit Wurst, Käse, gekochten Eiern, Marmelade oder etwas anderem belegt. Die Brote sollten dann so klein geschnitten werden, dass die Kinder sie mit ein paar Bissen aufessen können. Kresse eignet sich toll als Dekoration und enthält viele Vitamine.

- *Quarkspeise:* Richten Sie sich dabei nach Ihrem eigenen Geschmack, dem Geschmack der Kinder und dem saisonalen Angebot. Pro 500 g Quark brauchen Sie 100 g frische Früchte oder aufgetaute Tiefkühlfrüchte (zum Beispiel Äpfel, Bananen, Pfirsiche, Erdbeeren, Himbeeren …), ein Päckchen Vanillezucker, einen Esslöffel Zitronensaft und Milch oder Sahne, damit die Speise cremiger wird. Verrühren Sie alles bis auf die Früchte gut. Dann waschen und schälen Sie das Obst, zerkleinern es und mischen es unter den Quark.
- *Teeschorle:* Bereiten Sie Früchtetee zu. Lassen Sie ihn mit Eiswürfeln schnell abkühlen und füllen Sie den Tee mit Mineralwasser auf (Mischungsverhältnis 3:1). Diese Schorle löscht sehr gut den Durst!
- *Müsli zum Selbermischen:* Dazu stellen Sie für die Kinder ein paar Dosen, die sich wieder verschließen lassen, auf. Damit die Zutaten nicht verunreinigt werden, sollte in jeder Dose ein Löffel stecken. Wenn dieser schmutzig wird, wird ein neuer genommen. Es eignen sich haltbare Lebensmittel wie Haferflocken, Rosinen, getrocknete Früchte, Cashewnüsse, Pistazienkerne … und frische Lebensmittel wie halbe Weintrauben, Apfel- und Bananenstücke. Zum Anrühren können Sie Milch, Joghurt, Dickmilch und Säfte bereitstellen.

Weitere Tipps für kindgerechte Rezepte finden Sie in der angegebenen Literatur auf S. 28.

Abräumen

Zum Tischdecken gehört auch das Abräumen. Jedes Kind sollte sein gebrauchtes Geschirr an einen dafür vorgesehenen Platz stellen, zum Beispiel auf einen Geschirrwagen oder einen Tisch. Das Einräumen in die Spülmaschine müssen in der Regel die Erzieherinnen übernehmen. Sie können aber auch einzelne Kinder dazu einspannen. Das Aufräumen und Abwischen der Tische übernimmt ein immer wechselnder Tischdienst.

Müll trennen

Gezielt auf die Schule vorbereiten

Zum Thema

Im Kindergarten fällt eine Menge Müll an. Teilweise wäre dieser Müll auch vermeidbar. In manchen Einrichtungen denkt man darüber nach, den Mülleimer für den Verpackungsmüll abzuschaffen und diesen wieder mit nach Hause zu geben. Damit erreicht man aber nur kurzfristig etwas. Müll wird dann einfach auf andere Behältnisse verteilt oder auf den Fußboden geworfen. Das kann nicht in Ihrem Interesse sein.

Zeigen Sie den Kindern lieber, welcher Müll wohin sortiert werden muss, wie er wiederverwertet werden kann und welchen Müll man möglichst vermeiden sollte.

Wichtig ist es, dass die Kinder den Müll nicht einfach so in die Gegend werfen, sondern gewissenhaft damit umzugehen lernen. Dazu müssen die Kinder die unterschiedlichen Materialien erkennen und unterscheiden können und verstehen, was alles in den Müll kommt.

Ein tolles Beispiel, bei dem die Kinder lernen können, wie man aus Alt Neu machen kann, ist das Papierschöpfen. Die Vorbereitung ist etwas aufwendiger, lohnt sich aber, weil man auch schon mit kleinen Kindern gute Ergebnisse erzielen kann.

Hilfen durch Eltern

Oft wird darüber gestritten, ob es besser ist, Getränke in Plastikflaschen oder in Glasflaschen zu kaufen. Dabei ist zu bedenken, dass leichte Verpackungen auch weniger Transportkosten und damit einen geringeren CO_2-Ausstoß verursachen. Glasflaschen können gereinigt und immer wieder verwendet werden. Allerdings sind Glasflaschen in den meisten Einrichtungen nicht gewünscht, da sie zerbrechen können. Am umweltfreundlichsten ist es daher, wenn jedes Kind seine eigene Trinkflasche hat, die von den Eltern zu Hause aufgefüllt wird, statt kleiner Getränkepäckchen, die viel Müll verursachen. Auch ein selbst zubereitetes Brot mit einem leckeren Belag verursacht weniger Müll als eine abgepackte Süßigkeit oder Ähnliches.

Beim Thema Müll können die Kinder mit ihrem Wissen ihre Eltern vielleicht ein wenig überraschen. Laden Sie doch mal zu einem Nachmittag rund ums Thema Müll ein. Die Eltern werden staunen, wenn die Kinder ihnen erklären können, wie der Müll sortiert wird und was damit passiert.

Anschließend kann mit Abfallmaterialien gebastelt werden. Bauen Sie mit den Eltern und Kindern Windmühlen aus Getränkepackungen, Lokomotiven aus Pappschachteln oder Handpuppen aus alten Socken. Ihrem Ideenreichtum sind keine Grenzen gesetzt.

Spielen und Wahrnehmen mit allen Sinnen

Spiele, Ideen, Anregungen

Schilder für die Mülleimer

Um die Kinder dabei zu unterstützen, den Müll zu sortieren, ist es hilfreich, wenn Schilder auf die Eimer geklebt werden. Die Schilder sollten auf jeden Fall Wörter oder Buchstaben enthalten (zum Beispiel „V" für „Verpackungen", „R" für „Restmüll" oder „B" für „Biomüll") und zusätzlich kleine Piktogramme (siehe nächste Seite), auf denen abgebildet ist, was hineingehört. Statten Sie alle Mülleimer (außer den Papiereimer) mit dünnen Plastiktüten aus, da es so leichter ist, sie zu entleeren.

Wie der Müll genau sortiert wird, ist in den Gemeinden manchmal unterschiedlich. So gibt es für das Papier eine blaue oder eine grüne Tonne. Oder das Altpapier wird in Containern gesammelt. Auch in den Einrichtungen wird der Müll individuell getrennt. So kommen Windeln in einen extra Windelsack, die graue Tonne, den grünen Eimer oder in ein ähnliches Behältnis. Deshalb finden Sie im Folgenden keine allgemeingültigen Schilder, sondern Zeichnungen, die Sie je nach Bedarf kopieren, anmalen und auf die von Ihnen erstellten Schilder kleben können.

Müll trennen

Reden Sie mit den Kindern darüber, was in welchen Eimer gehört. Fordern Sie die Kinder auf, selbst zu schauen, ob sie auf den Mülleimerschildern etwas finden, das dem ähnelt, was sie wegwerfen möchten. Wenn das nicht klappt, reden Sie mit den Kindern und zeigen ihnen, welcher Mülleimer richtig ist.

Mülldienst

Wer Müll macht, muss ihn auch entsorgen. Lassen Sie die Kinder beim Leeren der Mülleimer mithelfen. Während Sie zum Beispiel den Biomüll nehmen, können die Kinder den Papiermüll nehmen und ausleeren. Auch die Beutel für den gelben Sack oder die gelbe Tonne können die Kinder tragen, da diese leicht sind. Zunächst macht das Ausleeren des Mülls den Kindern sicherlich Spaß, aber irgendwann ist es ihnen auch lästig, da sie das vom Spielen abhält. So werden sie vielleicht merken, dass es besser ist, wenn weniger Müll anfällt.

Müll trennen

Müllauto

Reden Sie mit den Kindern einmal darüber, was mit dem Müll passiert. Die meisten werden bestimmt der Auffassung sein, dass der Müll mit dem Müllauto abtransportiert wird und dann weg ist. Was weiter geschieht, ist den Kindern nicht klar.

Vielleicht kann Ihnen der Fahrer des Müllautos weiterhelfen. Sprechen Sie ihn erst allein an, ob er den Kindern ein paar Fragen beantworten würde. Nachdem Sie die Kinder darauf vorbereitet haben, sollen sie erfragen, wohin der Müll gebracht wird und was dann damit passiert. Ebenso ist es interessant, was mit den unterschiedlichen Müllarten gemacht wird.

Verwendung von Müll

Es gibt verschiedene Möglichkeiten, was mit Müll passieren kann. Müll wird in Deponien gelagert, was aber ein ziemliches Problem ist, denn die Müllberge wachsen immer weiter. Erklären Sie das den Kindern. Wenn sie ihre alten Sachen einfach immer nur in eine Ecke des Gartens (je nach Wohngebiet können Sie hier auch den Garten des Kindergartens als Beispiel nehmen) werfen würden, wäre das auch nicht schön.

Müllverbrennung

Oft wird der Müll verbrannt. Um den Schadstoffausstoß möglichst gering zu halten, müssen dabei sehr hohe Temperaturen erzeugt werden. Das funktioniert nur dadurch, dass viele Materialien zusammen verbrannt werden – auch Papier. Es erscheint oft merkwürdig, wenn bei Besichtigungen einer Müllverbrennungsanlage die sorgsam getrennten Materialien zusammengekippt und verbrannt werden. Doch auch das Verbrennen des Mülls ist nicht unbedingt die beste Lösung, denn trotz aller technischen Filtermöglichkeiten gelangen immer noch Schadstoffe in unsere Luft.

Wiederverwertung

Bei gut getrenntem Müll ist es möglich, den Müll wiederzuverwerten. Aus Kunststoffen können neue Kunststoffe hergestellt werden. Biomüll wird zu Kompost verwandelt. Glas kann geschmolzen und zu neuem Glas verarbeitet werden. Auch Metalle können recycelt werden. Je besser die Stoffe getrennt werden und je sauberer sie sind, desto eher ist eine Wiederverwertung möglich.

Wenn Sie das den Kindern verständlich machen, werden sie sicher besser darauf achten, dass der Müll im Kindergarten und auch zu Hause getrennt wird.

Papierschöpfen

Sehr eindrucksvoll ist es für die Kinder, wenn Sie ihnen zeigen, dass man aus altem gebrauchtem Papier neues Papier herstellen kann. Am besten ist es, das Papier an einem heißen Tag draußen zu schöpfen, da es dann sehr schnell trocknet.

Sie brauchen dazu altes Zeitungspapier, eine Schüssel, heißes Wasser, einen Mixer (Pürierstab), einen oder mehrere Papierschöpfrahmen (am besten DIN A5 oder DIN A4) oder engmaschigen Draht, ein Nudelholz, eine Wanne, in die der Rahmen passt, einen Kochlöffel, zwei Filzplatten, alte Wollstoffe oder dünne große Spültücher, eine wasserdichte Unterlage, die mit saugfähigen Küchentüchern ausgelegt ist, eine Leine und Wäscheklammern.

Das Zeitungspapier wird in Stücke gerissen. Danach wird es mit heißem Wasser übergossen und bleibt über Nacht stehen. Am nächsten Tag wird der Brei mit dem Mixer bzw. dem Pürierstab durchgerührt. Wenn er zu fest sein sollte, muss heißes Wasser hinzugefügt werden. Soll das Papier eingefärbt werden, kann man Farbe oder farbige alte Papierservietten hinzufügen.

Der Schöpfrahmen wird so in die Schüssel getaucht und leicht bewegt, dass sich gleichmäßig viel Papierbrei darauf befindet. Dann wird der Rahmen vorsichtig aus der Schüssel gehoben. Eine Filzmatte wird nun auf den Papierbrei im Schöpfrahmen gelegt. Dieser wird gewendet und dann auf die Unterlage gestürzt. Der Papierbrei liegt nun auf der Filzmatte. Um den Brei komplett aus dem Rahmen zu lösen, hilft es, leicht auf den Rahmen zu klopfen. Danach kann man ihn abnehmen und zur Seite legen.

Auf den Brei wird nun die andere Filzmatte gelegt. Um das Wasser auszupressen, wird mit dem Nudelholz ein paar Mal darübergerollt. Der Filz muss zwischendurch immer wieder ausgewrungen werden. Das wird so lange wiederholt, bis das Papier fast trocken ist und sich vom unteren Filz lösen lässt. Zum endgültigen Trocknen wird das Papier an eine Leine gehängt. Wenn man möchte, kann man das fertige Papier glattbügeln.

Falls Sie keine Papierschöpfrahmen und Filzmatten haben, dann können Sie den Kindern einfach kleine rechteckige oder quadratische Stücke eines engmaschigen Drahtes geben. Die Kinder schöpfen mit diesen „Minisieben" vorsichtig den Brei aus der Schüssel und stürzen ihn auf die Unterlage, die mit leicht feuchten auseinandergefalteten Spültüchern belegt ist. Ein weiteres feuchtes Spültuch legen die Kinder auf den gestürzten Brei, bevor sie mit dem Nudelholz das Wasser auspressen. Es eignen sich nur die dünnen Spültücher, die mehrmals auseinandergefaltet werden können, da das Papier sonst kleben bleiben würde.

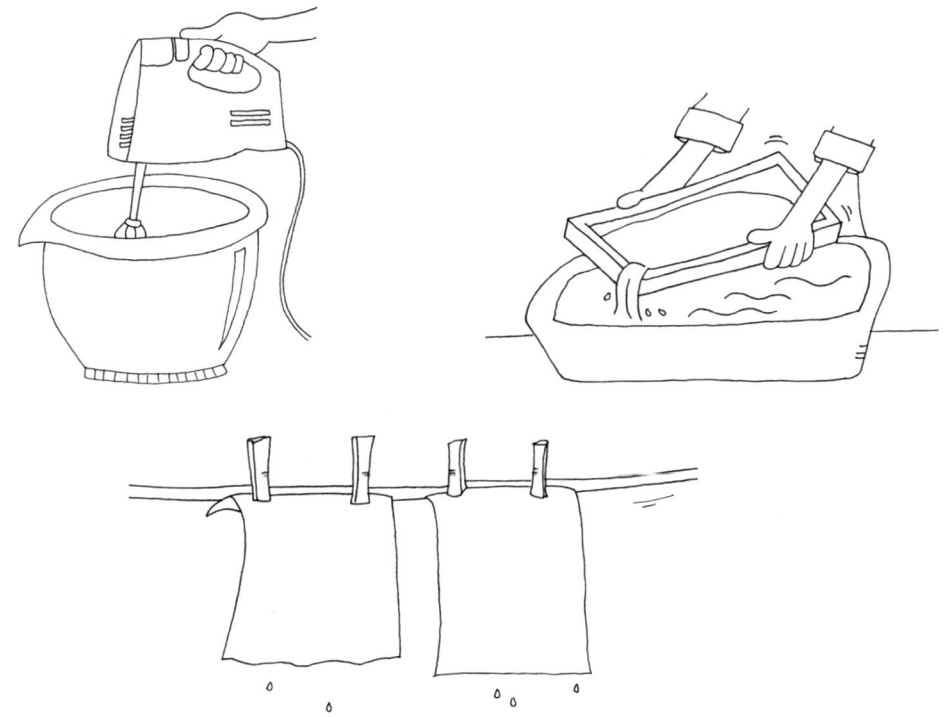

Weitere kreative Ideen zum Basteln und Spielen mit einfachen und billigen Materialien finden Sie in folgenden Büchern.

Manon Sander: Basteln und Spielen mit einfachen Materialien. Miniprojekte für den Kindergarten mit wenig Aufwand und großer Wirkung, Auer Verlag 2009 (Bestell-Nr. 06172-4)

Manon Sander: Kunst aus einfachen Materialien für die Kita. Originelle Bastelideen mit wenig Aufwand und großer Wirkung, Auer Verlag 2010 (Bestell-Nr. 06237-0)

JAHRESZEITEN KENNEN

> Natur erleben

> Gezielt auf die Schule vorbereiten

Zum Thema

Für Kinder ist es erst einmal unerklärbar, warum es draußen mal kalt und mal warm ist. Die Tatsache, dass das Wetter mit den Jahreszeiten zusammenhängt, ist ihnen fremd. Für kleine Kinder wäre es wohl auch nicht ungewöhnlich, wenn auf einen heißen Tag ein Tag mit Schnee folgen würde. Ein ganzes Jahr ist für Kinder zudem eine sehr lange Zeit, die sie nicht überblicken können.

Gehen Sie behutsam an das Thema und stellen Sie den Kindern den Lauf der Jahreszeiten sehr kleinschrittig und wiederholt vor. Spiele und Feste helfen dabei, dass die Kinder die Jahreszeiten besser nachvollziehen können.

Hilfen durch Eltern

Die Eltern können ihre Kinder hauptsächlich durch Gespräche unterstützen. So sollten sie immer wieder darüber reden, dass es jetzt warm ist, weil Sommer ist, und dass es im Winter kalt ist. Aber auch innerhalb der Jahreszeiten kann jeder Tag anders sein. Die Eltern können ihre Kinder dafür sensibilisieren und ihnen auch erklären, warum sie welche Kleidung anziehen sollen.

> Spielen und Wahrnehmen mit allen Sinnen

Spiele, Ideen, Anregungen

Feste feiern

Eine Kindertageseinrichtung lebt vom Miteinander der Kinder, ihrer Familien und der Erzieherinnen. Durch gemeinsame Aktionen kann eine fruchtbare Beziehung untereinander entstehen. Es bietet sich daher im Jahreskreis an, Feste zu feiern, die die Einzigartigkeit der jeweiligen Jahreszeit unterstreichen. Denken Sie zu Ihrer Entlastung daran, die Eltern in die Planung und Durchführung miteinzubeziehen.

- *Sommerfest:* Ein Sommerfest kann gut im Juni oder im Juli durchgeführt werden. Die Kinder, die den Kindergarten bald verlassen werden, sind noch da, die neuen Kinder können bereits mit ihren Eltern eingeladen werden. Das Fest findet bei (hoffentlich) warmen Wetter draußen statt. Die Kinder stehen im Vordergrund. Es können verschiedene Spielangebote für sie gemacht werden. Wenn Sie möchten, kann gegrillt werden und dazu genießen Sie die von den Eltern mitgebrachten Salate. Eis darf natürlich auch nicht fehlen. Sie können dieses schnell und einfach frisch selbst zubereiten. Zerkleinern Sie dazu mithilfe eines Pürierstabes gefrorene Früchte nach Wahl und vermischen diese mit Sahne und Quark. Mit Zucker bzw. Vanillezucker und Zitronensaft können Sie abschmecken. Denken Sie daran, dass es für alle reichen muss.

- *Herbstfest:* Auch der Herbst bietet eine Menge Möglichkeiten zum Feiern. Nun nehmen die neuen Kinder schon als richtige Kindergartenkinder teil. Anfang Oktober ist das Erntedankfest. Selbst wenn Ihre Einrichtung nicht kirchlich ist, können Sie die gelungene Ernte feiern, zum Beispiel in Form eines Apfelfestes. Auch ein Drachenfest oder eine Halloweenparty können im Herbst gefeiert werden. Oder Sie veranstalten ein Laternenfest. Planen Sie die Dauer des Festes nicht zu lange ein, zwei Stunden reichen völlig aus.

- *Winterfest:* Wahrscheinlich feiern Sie Nikolaus oder Weihnachten mit den Kindern. Ansonsten bietet es sich noch an, im Januar oder Februar ein Winterfest zu veranstalten, besonders wenn Schnee liegt. Eine Winterwanderung ist für die Kinder ein schönes Erlebnis. Fasching oder Karneval wird in den Einrichtungen ebenfalls gerne gefeiert.
- *Frühlingsfest:* Wenn es draußen langsam wieder wärmer wird, dann ist ein guter Zeitpunkt, um gemeinsam eine neue Dekoration für den Kindergarten zu basteln. Bunte Blumen für die Fenster, ein Mobile mit Vögeln oder bunt bemalte Blumentöpfe sind schöne Farbtupfer für Ihre Gruppe bzw. für die Einrichtung. In dieser neu gestalteten Umgebung können Sie dann ein Fest feiern, um den Frühling zu begrüßen. Vielleicht kommt dazu auch der Osterhase?

Jahresuhr

Basteln Sie mit Ihrer Gruppe eine Jahresuhr. Stellen Sie die drei Monate einer Jahreszeit jeweils in einer Farbe da. Jeder Monat ist durch ein typisches Bild dargestellt. Dazu können Sie die folgenden Vorlagen nutzen oder eigene Bilder verwenden.

Vorlage Jahresuhr 1

JAHRESZEITEN KENNEN

Vorlage Jahresuhr 2

JAHRESZEITEN KENNEN

Was ziehe ich an?

Diese Aktion führen Sie mit drei anderen Erzieherinnen oder Elternteilen gemeinsam durch. Die Erste zieht sich dicke Wintersachen an, die Zweite einfach eine Jeans und einen Pullover, die Dritte einen bunten Sommerrock mit T-Shirt oder ein Kleid und die Vierte regensichere Kleidung (Regenjacke und Gummistiefel, eventuell Regenschirm).

Setzen Sie sich so mit den Kindern in einen Stuhlkreis. Sie können sicher sein, dass die Kinder Sie nach kurzer Zeit darauf ansprechen, warum Sie so gekleidet sind. Sprechen Sie mit ihnen darüber, dass man sich der Jahreszeit entsprechend kleidet. Stellen Sie dabei das Wetter in den Mittelpunkt.

Wenn Sie es vorher mit den Eltern abgesprochen haben, dann können die Kinder für die Aktion in einem Beutel Kleidung mitbringen, die jeweils eine Jahreszeit darstellt. Die Kinder ziehen sich um und stellen sich dann zu der Erzieherin, die die Jahreszeit repräsentiert, zu der sie die passende Kleidung tragen.

Anziehpuppen

Hier finden Sie Vorlagen für Figuren zum Ausschneiden und Vorlagen für Kleidungsstücke. Kopieren Sie diese und basteln Sie Schablonen aus Pappe für die Kinder daraus. Bitten Sie die Kinder, die Figuren einer bestimmten Jahreszeit entsprechend anzuziehen. Sie können auch zusätzlich Stoffreste auslegen, mit denen die Kinder die Figuren ebenfalls „anziehen" können.

Gemeinsam mit den Kindern, die schnell fertig sind, gestalten Sie Plakate, auf denen die Jahreszeiten dargestellt sind. Die Kinder ordnen ihre Figuren entsprechend zu und kleben sie auf. Die Plakate werden dann in Ihrer Einrichtung ausgestellt. Vielleicht können Sie das Plakat, das der momentanen Jahreszeit entspricht, besonders hervorheben oder an einen besonderen Platz hängen.

Anziehpuppe Mädchen

JAHRESZEITEN KENNEN

Kleidung Mädchen

Anziehpuppe Junge

Jahreszeiten kennen

Kleidung Junge

JAHRESZEITEN KENNEN

Unser Baum

Erstellen Sie gemeinsam mit den Kindern eine Bildfolge über einen Baum, der in der Nähe des Kindergartens steht. Am besten beginnen Sie im Sommer oder im Herbst, denn wenn Sie im Winter beginnen, sind einzelne Kinder ab dem neuen Kindergartenjahr nicht mehr da.

Suchen Sie sich einen Platz aus, von dem Sie den Baum immer wieder fotografieren können. Wenn Sie den Baum immer von der gleichen Stelle aus fotografieren, sind die Veränderungen am besten sichtbar. Hängen Sie die Bilder des Baumes auf und sprechen Sie mit den Kindern darüber.

Jahreszeitentisch/Hosentaschenschätze

Stellen Sie einen Tisch auf, auf den die Kinder immer wieder Fundstücke von draußen ausstellen können, die ihnen wichtig sind. Das können Früchte, Blätter, Baumrinde und ähnliche Dinge sein.

Getreide

Schauen Sie sich mit den Kindern ein Feld in der Nähe an. Auch daran kann man die Veränderungen der Natur im Jahreslauf gut erkennen. Sie können ebenfalls Fotos machen oder einen Wandkalender erstellen, an den immer ein neues Bild hinzugefügt wird.

Tiere im Jahreskreis

Sie können mit den Kindern auch darüber sprechen, wie Tiere, die viel abhängiger von der Natur sind als wir Menschen, mit den verschiedenen Jahreszeiten umgehen. Bei uns Menschen ändern sich eigentlich nur noch die Freizeitaktivitäten, unser sonstiger Tag bleibt gleich.

Besprechen Sie mit den Kindern, wie sich bestimmte Tiere über das Jahr verhalten. Der Igel wird oft in der Grundschule besprochen, darum eignet er sich nicht so sehr. Eichhörnchen, Vögel oder auch Fische sind für die Kinder ebenso interessant. Schauen Sie einfach, welche Tiere Sie von Ihrer Einrichtung aus schnell und einfach beobachten können.

Kalender

Ganz klassisch ist es, mit den Kindern einen Kalender zu basteln, bei dem zu jedem Monat ein passendes einfaches Kalenderblatt erstellt wird. Nehmen Sie dazu Bilder, die zu den Monaten passen.

Geburtstag merken

Gezielt auf die Schule vorbereiten

Zum Thema

Kaum ist der Geburtstag eines Kindes vorbei, fragt es schon wieder, wann es das nächste Mal Geburtstag hat. Viele Kinder haben noch keine Vorstellung davon, wann sie Geburtstag haben, ob ihr Geburtstag im Sommer oder im Winter ist und wie lang ein Jahr ist.

Sie können den Kindern helfen, ein Gefühl für ihren Geburtstag zu bekommen. Dazu gehört natürlich, dass Sie Geburtstage in der Gruppe feiern, denn für jedes Kind ist sein Geburtstag ein einmaliger und besonderer Tag. Gestalten Sie ihn auch so. Achten Sie darauf, dass an den Geburtstagen der Kinder möglichst keine Elternaktivitäten durchgeführt werden (z. B. Elternnachmittage, Elternabende etc.).

Die Kinder sollen begreifen, dass sie, nachdem ihr Geburtstag vorbei ist, ganz lange auf den nächsten warten müssen und viele andere Kinder vor ihnen Geburtstag haben.

Am Ende der Kindergartenzeit sollten sie in der Lage sein, sich sowohl den Geburtsmonat als auch den Geburtstag zu merken.

Hilfen durch Eltern

Die Eltern können ihr Kind dadurch unterstützen, dass sie den Geburtstag immer wieder nennen, wenn es danach fragt. Sie können bei der Ausrichtung der persönlichen Geburtstagsfeier im Kindergarten mithelfen, zum Beispiel, indem sie ihrem Kind Kuchen, kleine Päckchen für die anderen Kinder, ein Buch zum Anschauen etc. mitgeben. Außerdem sollten die Eltern der Einrichtung Fotos ihrer Kinder zur Verfügung stellen, mit denen Sie einen Geburtstagskalender erstellen können.

Spielen und Wahrnehmen mit allen Sinnen

Spiele, Ideen, Anregungen

Geburtstagskalender

Es gibt zahlreiche Möglichkeiten, einen Geburtstagskalender zu basteln. Besonders gut ist es, wenn aus dem Kalender hervorgeht, in welcher Reihenfolge die Geburtstage aufeinanderfolgen. Dann sehen die Kinder immer gleich, wer als Nächstes Geburtstag hat. Im Folgenden finden Sie ein paar Ideen dazu.

- *Jahreskreis:* Basteln Sie einen großen Kreis aus vier verschiedenfarbigen Fotokartons, für jede Jahreszeit eine Farbe. Kleben Sie jeweils Bilder auf, die mit der entsprechenden Jahreszeit verbunden sind (siehe auch Jahresuhr auf S. 76–78). Nun können Sie die Fotos der Kinder in der Reihenfolge ihrer Geburtstage hinzuheften. Außerdem benötigen Sie zwei Wäscheklammern. Eine wird zu einem Foto gehängt und zeigt an, welches Kind das nächste Geburtstagskind sein wird. Die andere Klammer können Sie besonders schön gestalten (mit Glitzer, aufgeklebten Federn oder ähnlich). Sie wird am Geburtstag eines Kindes zum Foto gehängt, die einfache Klammer kann dann schon zum nächsten Kind weiterwandern.

- *Wäscheleine:* Spannen Sie eine Wäscheleine im Kindergarten. Sie benötigen Fotos der Kinder, auf denen die Kinder ganz zu sehen sind. Die Kinder dürfen sich nun aus den zu ihrem Monat passenden Kleidungsstücken (siehe Anziehpuppen auf S. 79) etwas aussuchen. Kopieren Sie diese so groß, dass sie gut auf die Fotos passen. Die Kinder malen ihr Kleidungsstück in ihrer Lieblingsfarbe an. Anschließend werden die Kleidungsstücke auf die Fotos geklebt und alle Geburtstagskinder in der richtigen Reihenfolge aufgehängt. Wenn Sie möchten, können Sie die Monate durch Schilder markieren. Erwähnen Sie beim Aufhängen, dass Kinder, die im gleichen Monat Geburtstag haben, nebeneinander kommen, und nennen Sie dabei auch den Monat.

Wenn Sie auf die Markierung der Monate verzichten wollen, können Sie die Bilder auch so anordnen, dass immer das Kind vorne ist, dessen Geburtstag folgt. Am Geburtstag selbst können Sie das Bild an einen besonderen Platz hängen. Danach wird das Bild wieder rechts angehängt und alle anderen Bilder wandern einen Platz nach links weiter.

- *Fische, Schmetterlinge oder andere Tiere:* Sie können die Fotos der Kinder auch auf den Umriss eines Tieres kleben. Das hat allerdings den Nachteil, dass sie die Fotos dann nicht mehr umhängen können. Außerdem ist daraus nicht so gut ersichtlich, dass es sich beim Geburtstag um ein immer wiederkehrendes Ereignis handelt. Eine andere Möglichkeit ist es, für jeden Geburtstag ein Tierbild zu nehmen und diese kreisförmig anzuordnen.

Geburtstagslied

Sicher kennen Sie verschiedene Lieder, die sich zum Feiern eines Geburtstages eignen. Am bekanntesten ist wohl „Happy Birthday", das auch schon mit den Kindergartenkindern auf Englisch gesungen werden kann. Damit sich die Kinder ihren Geburtsmonat besser merken können, bietet sich folgendes Lied an, das immer wieder im Jahreskreislauf gesungen werden kann.

traditionell

Analog zur ersten Strophe werden alle Monate besungen. Die Kinder stellen sich dazu in einen Kreis und folgen den Anweisungen im Lied. Unterstützen Sie die Kinder, die noch nicht wissen, in welchem Monat sie Geburtstag haben: Stellen Sie sie einfach neben Kinder, die im selben Monat Geburtstag haben und das schon wissen. Beim nächsten Mal können Sie versuchen, die Kinder getrennt voneinander hinzustellen.

Sollte ein Kind vergessen haben, bei seinem Geburtsmonat nach vorne zu gehen, dann singen Sie das Lied für den Monat einfach noch einmal.

Mein Geburtstag ist …

Die Kinder sitzen im Stuhlkreis. Fangen Sie an: „Mein Geburtstag ist im Sommer. Mein Geburtstag ist im August. Mein Geburtstag ist am 13. August. Wann ist dein Geburtstag, Tim?" Dann ist das gefragte Kind an der Reihe. Brechen Sie nach ein paar Kindern ab, denn sonst wird es zu langweilig. Wiederholen Sie diese Übung lieber immer mal wieder, wenn sie im Stuhlkreis sitzen. Achten Sie darauf, was die einzelnen Kinder schon über ihren Geburtstag wissen (Jahreszeit, Monat, Tag).

Mein Geburtstagsbild

Sprechen Sie mit den Kindern im Stuhlkreis über deren Geburtstage. Nehmen Sie dazu Kinder, die sich schon gut erinnern und das auch formulieren können. Sie sollen berichten, wie das Wetter an ihrem letzten Geburtstag war und was sie gemacht haben. Ob sie draußen oder im Haus gewesen sind und so weiter. Daraus können Sie dann ein Gespräch über die Jahreszeit ableiten, in der der Geburtstag stattgefunden hat.

Nun malen die Kinder passend zu ihrem Geburtstag ein Bild. Stellen Sie den Kindern vier Maltische zur Verfügung. Die Kinder, die im Winter Geburtstag haben, gehen an einen Tisch, ebenso bei den anderen Jahreszeiten. Geben Sie jedem Kind ein vorbereitetes Blatt, auf das ein Foto des Kindes aufgeklebt ist. Dazu schreiben Sie das Geburtsdatum. Selbst wenn die Kinder noch nicht lesen können, ist es sinnvoll, dass sie Geschriebenes sehen und damit umgehen.

Um ihr Foto herum dürfen die Kinder Dinge malen, die typisch für die jeweilige Jahreszeit sind. Im Folgenden finden Sie einige Beispiele.

- *Winterkinder:* Schneemann, Weihnachtsbaum, Feuerwerk, kahle Bäume
- *Frühlingskinder:* Osterhase und Ostereier, bunte Blumen, Bäume mit rosa Blüten
- *Sommerkinder:* Sonne, Schwimmbecken, Strand, Bäume mit grünen Blättern
- *Herbstkinder:* Drachen, Laternen, Wind und Regen, Bäume mit bunten Blättern

Hängen Sie die Geburtstagsbilder nach den Jahreszeiten geordnet in der Einrichtung auf. So entsteht eine große Geburtstagswand. Wichtig ist es, dass Sie immer wieder mit einzelnen Kindern über ihren Geburtstag und die Jahreszeit reden, nur so prägt es sich in ihr Gedächtnis ein.

Fragen Kinder nach, wann sie endlich Geburtstag haben, dann zeigen Sie ihnen die Bilder und erklären ihnen, welche Jahreszeit gerade ist und welche Jahreszeiten eventuell noch bis zum Geburtstag kommen.

Geburtstagsrituale

Kinder lieben Rituale. Gestalten Sie daher die Geburtstage innerhalb eines bestimmten Rahmens immer gleich. Beziehen Sie die Kinder mit in die Gestaltung ein.

- *Ankündigung*: Alle Kinder sollen wissen, wer heute Geburtstag hat. Nehmen Sie das Bild vom Kalender und hängen es im Eingangsbereich der Gruppe oder des Kindergartens an einen besonderen Platz auf, sodass alle es sehen können.
- *Gemeinsame Feier:* Im Stuhlkreis wird der Geburtstag gebührend gefeiert. Das Geburtstagskind bekommt eine „Auszeichnung", das kann eine Bonbonkette, ein Orden oder eine Geburtstagskrone sein. Wiederholen Sie für alle Kinder das Geburtsdatum des Kindes. Singen Sie dem Kind ein Geburtstagslied und lassen Sie es hochleben (so alt, wie es wird). Wenn Sie möchten, kann sich das Kind Freunde aussuchen, die bei ihm sitzen dürfen. Auch hier bietet sich an, die Anzahl nach dem Alter zu wählen. Also darf das Kind genauso viele Kinder eingeladen, wie es alt wird. Die kleineren Kinder können eine größere Anzahl noch nicht gut überschauen und die größeren haben schon mehr Freunde. Dann darf das Kind sich noch ein paar Spiele wünschen.
- *Geschenke:* Diese sind für die Kinder zum Geburtstag wichtig. Schenken Sie jedem Kind eine Kleinigkeit, die nicht teuer sein muss. Es kann sich dabei um einen tollen Stift handeln oder um ein kleines Buch. Oft geben die Kinder auch in der Gruppe etwas aus, aber das sollte natürlich keine Verpflichtung sein. Das können entweder Päckchen für die anderen Kinder sein, ein Kuchen oder auch ein Spielzeug oder Buch für die Gruppe. Sprechen Sie mit den Eltern darüber, dass diese sich nicht gegenseitig zu überbieten versuchen. Manchmal gibt es auch Kinder, deren Eltern ihnen nichts mitgeben wollen. Dann können Sie zum Beispiel auch einen Kuchen im Kindergarten backen.

GEBURTSTAG MERKEN

Zahlen erkennen, zählen

Gezielt auf die Schule vorbereiten

Zum Thema

Kinder begreifen recht schnell, dass Zahlen etwas mit Mengen zu tun haben. Doch zu Beginn zählen sie oft noch völlig durcheinander. Sie bilden zum Beispiel Zahlenfolgen wie „eins – zwei – vier – acht – drei" oder „eins – zwei – viele".

Bis zum Ende der Kindergartenzeit sollten die Kinder die Zahlen bis zehn mündlich erfassen, als Mengen erkennen und zeigen können. Ebenso sollten sie die Würfelzahlen erkennen und zuordnen können. Die Ziffern müssen sie nicht unbedingt lesen und schreiben können, allerdings wäre das durchaus hilfreich. Lassen Sie die Zahlen einfach spielerisch in den Alltag der Kinder hineinfließen. So lernen die Kinder den Umgang mit den Zahlen am besten.

Hilfen durch Eltern

Die Eltern können ihre Kinder ebenso durch einen aktiven Umgang mit Zahlen unterstützen. Sensibilisieren Sie die Eltern dafür, dass sie mit ihren Kindern entdecken, wo im täglichen Leben etwas gezählt werden kann. Sie können Stufen zählen, Autos, Hunde und so weiter. Auch Würfelspiele sollten die Eltern gemeinsam mit ihren Kindern spielen.

Wenn die Kinder die Zahlen schon lesen können, dann sollten die Eltern auf die Ziffern eingehen, die ihnen zum Beispiel beim Einkaufen, im Straßenverkehr und so weiter begegnen.

Ideen, Spiele, Anregungen

Kleiner Drache

Bei diesem Spiel zählen die Kinder gemeinsam bis zu einer Zahl. Die jüngeren Kinder zählen einfach mit den größeren mit.

Die Kinder sitzen in der Turnhalle oder draußen in einem Kreis. Ein Kind sitzt in der Mitte. Die anderen Kinder rufen: „Drache, was machst du?" Der Drache antwortet: „Ich schlafe!" „Wie lange noch?", wollen die anderen Kinder nun wissen. Der Drache denkt sich eine Uhrzeit aus und antwortet: „Bis 9 Uhr!" Die Kinder zählen anschließend alle zusammen bis neun.

Dann laufen alle Kinder auseinander. Der Drache läuft hinterher und versucht, eines der anderen Kinder zu fangen. Dieses wird in der nächsten Runde zum Drachen.

Zehn kleine Krabbelkäfer

Nach der Melodie „Zehn kleine Krabbelfinger" können Sie folgendes Zahlenspiel durchführen. Das „Ba-tum, ba-tum ..." sprechen oder singen Sie einfach nach Belieben.

Text:

Ein kleiner Krabbelkäfer spielte einen Hit,
da kam einer dazu und spielte einfach mit.
Ba-tum, ba-tum, ba-tum, ba-tum, ba-tum.

Zwei kleine Krabbelkäfer spielten einen Hit,

…

Das dazugehörige Fingerspiel ist ein bisschen anspruchsvoller, da sich die Kinder gleichzeitig auf den Text und die Melodie konzentrieren müssen. Mit ein bisschen Übung gelingt es den Kindern sicher schnell. Folgende Bewegungen können dazu ausgeführt werden:

Zu Beginn jeder Strophe wird mit den Fingern mitgezählt, wie viele Krabbelkäfer es sind.

Bei einem Hit darf man auch tanzen! Die Kinder bewegen ihre Finger dazu.

Wenn ein Krabbelkäfer dazukommt, wird nur ein Finger gezeigt. Bei „mit" zeigen die Kinder die kompletten Finger für die jeweilige Strophe.

Zum „Batum, batum …" können die Finger entweder wieder tanzen oder ein Instrument anzeigen (zum Beispiel „Trommel" oder „Trompete" spielen …).

Plätze wechseln

Die Kinder sitzen im Stuhlkreis. Sie würfeln reihum mit einem großen Schaumstoffwürfel. Die gewürfelten Zahlen werden laut gesagt, so lernen alle Kinder diese Zahlen mit akustischer Hilfe. Es bietet sich auch an, die Augen des Würfels laut zu zählen. Wenn ein Kind eine zuvor vereinbarte Zahl (zum Beispiel 6) würfelt, darf es den Platz mit seinem linken Nachbarn wechseln und kommt noch einmal mit Würfeln an die Reihe.

Sie können sich auch andere Dinge ausdenken, die die Kinder machen dürfen. Zum Beispiel können Sie so erwürfeln, welche Kinder sich zum Hinausgehen anziehen. Dann entzerrt es sich in der Garderobe ein wenig. Auch andere Dinge, bei denen nicht alle Kinder gleichzeitig anfangen können, eignen sich.

Zehn kleine Kinderlein

Singen (und spielen) Sie mit den Kindern folgendes Lied nach der bekannten Melodie. Die Zeilen, in denen die Kinderlein gezählt werden, sprechen Sie mit den Kindern rhythmisch.

Text:

Zehn kleine Kinderlein, die konnten sich laut freun,
das eine ist dann weggelaufen, da waren es nur noch neun.
Neun – neun – neun!
Ein kleines, zwei kleine, drei kleine, vier kleine, fünf kleine Kinderlein,
sechs kleine, sieben kleine, acht kleine, neun kleine, zehn kleine Kinderlein!

Neun kleine Kinderlein, die haben viel Quatsch gemacht,
das eine wurde von der Mutter geholt, da waren es nur noch acht.
Acht – acht – acht!
…

Acht kleine Kinderlein, die sind im Garten geblieben,
das eine holte sich ein Eis, da waren es nur noch sieben.
Sieben – sieben – sieben!
…

Sieben kleine Kinderlein, die hörten von der Hex,
das eine hatte Angst davor, da waren es nur noch sechs.
…

Sechs kleine Kinderlein, die liefen ohne Strümpf,
dem einen war das doch zu kalt, da waren es nur noch fünf.
…

Fünf kleine Kinderlein, die sahen mal ein Tier,
dem einen war das viel zu groß, da waren es nur noch vier.
…

Vier kleine Kinderlein, die aßen abends Brei,
das eine mochte das gar nicht, da waren es nur noch drei.
…

Drei kleine Kinderlein, die tanzten in der Reih,
das eine hatte keine Lust, da waren es nur noch zwei.
…

Zwei kleine Kinderlein, die fuhren mal nach Mainz,
dem einen war das zu weit weg, da war es nur noch eins.
…

Ein kleines Kinderlein, das sang gar traurige Lieder,
darum kamen alle anderen ganz schnell zu ihm wieder!

Zahlen überall

Nutzen Sie alles, was man zählen kann. Wenn Sie Treppenstufen in Ihrer Einrichtung haben, kleben Sie große deutlich sichtbare Zahlen darauf. Wenn Sie mit den Kindern darübergehen, zählen Sie laut gemeinsam die Zahlen, auf die Sie gerade treten. Zählen Sie die Schritte, die Sie brauchen, um das Gruppenzimmer oder die Garderobe zu durchqueren. Zählen Sie mit den Kindern die Stühle an einem Gruppentisch … Im Freien können Sie auch ein Hüpfspiel mit Zahlen aufmalen.

Zahlen entdecken

Machen Sie mit den Kindern einen Spaziergang und schauen Sie, wo es überall Zahlen zu entdecken gibt: an Häusern, auf den Nummernschildern der Autos, auf Verkehrsschildern … Vielleicht können Sie mit den Kindern Fotos machen, die Sie im Anschluss in der Gruppe aufhängen.

Zahlenbücher

Mit den Vorschulkindern können Sie kleine Bücher über die Zahlen bis 10 anlegen. Entweder falten Sie mehrere DIN-A4-Blätter und heften Sie zu einem Büchlein zusammen oder sie nehmen kleine Schulhefte für die Kinder.

Arbeiten Sie nach dem Beispiel auf S. 91. Die Kinder kleben jeweils eine Zahl mit den dazugehörigen Abbildungen auf eine Seite oder Doppelseite ihres Heftes. Sie können diese auch vorgeben, die Kinder malen dann aus. Dazu suchen sie Dinge aus Zeitungen und Katalogen heraus, die in der angegebenen Anzahl vorkommen, zum Beispiel zwei Puppen, drei Laster und so weiter. Diese kleben die Kinder ebenfalls zur entsprechenden Zahl dazu.

Die Kinder, die die Zahlen schon schreiben können, dürfen sie natürlich auch selbst dazunotieren.

Beispiel für Zahlenbücher

ZAHLEN ERKENNEN, ZÄHLEN

Sich sicher im Strassenverkehr verhalten

Gezielt auf die Schule vorbereiten

Zum Thema

Meistens werden Kinder mit dem Schuleintritt oder ein wenig später zu eigenständigen Verkehrsteilnehmern. Diese Aufgabe muss gut vorbereitet sein, denn viele Unfälle mit Kindern entstehen aus Unwissenheit und Unkenntnis der Kinder vor den Gefahren. Sie unterschätzen Geschwindigkeiten, sie können nicht einschätzen, von wo sie einen besseren Überblick hätten, und begeben sich dadurch oft unnötig in Gefahr. Viele Unfälle besonders im Bereich von Schulen können zum Glück durch größere Achtsamkeit der Autofahrer verhindert werden, doch darauf sollte sich niemand verlassen.
Eine gute Vorbereitung der Teilnahme am Straßenverkehr ist daher überlebensnotwenig für die Kinder und sollte auch von Ihnen unterstützt werden.

Hilfen durch Eltern

Vielen Eltern ist es gar nicht so bewusst, dass ihre Kinder noch große Probleme im Straßenverkehr haben. Weil die Kinder inzwischen schon älter sind und nicht mehr ohne zu schauen auf die Straße rennen, glauben die Eltern, dass der Rest auch klappen wird. Andere Eltern trauen ihren Kindern gar nichts zu und erziehen sie aus Angst zur Unselbstständigkeit.
Die Eltern sollten, nachdem sie sich davon überzeugt haben, dass die Kinder Gefahren einschätzen können und damit sicher umgehen können, ihren Kindern zeigen, dass sie ihnen vertrauen. Sie müssen aber auch als Vorbild agieren, also selbst nicht bei Rot über die Ampel gehen, einen Zebrastreifen nutzen, auch wenn er ein paar Meter entfernt ist, und so weiter. Sensibilisieren Sie die Eltern dafür, dass gerade hier Nachahmung ein wichtiger Motor des Lernens ist.
Gehen Sie mit den Eltern der älteren Kindergartenkinder die Umgebung ab und machen Sie sie auf Probleme aufmerksam. Fragen Sie bei der örtlichen Polizei nach, ob man Ihnen dort jemanden zur Seite stellen kann, der über die Gefahren berichtet und eventuell auch noch mit den Kindern einige Übungseinheiten durchführen kann.
Folgende Gefahren müssen erkannt und den Kindern genau erklärt werden:
- Die Kinder sollen immer auf dem Gehweg laufen, und zwar am besten so weit weg von der Straße wie möglich.
- Falls kein Zebrastreifen oder keine Ampel in der Nähe ist, müssen die Kinder die Straße sehr vorsichtig überqueren. Sie schauen sich nach beiden Richtungen um und vergewissern sich mehrfach, ob auch wirklich alles frei ist. Dann überqueren Sie auf dem kürzesten Weg zügig die Straße.
- Parkende Autos am Straßenrand behindern die Sicht von Kindern, da sie nicht über die Autos schauen können! Sie müssen zwischen den Autos bis zum Straßenrand vorlaufen, um etwas sehen zu können. Besser ist es aber, wenn sie sich eine Stelle zum Überqueren der Straße suchen, bei der die Sicht besser ist.
- Einmündungen bergen zusätzliche Gefahren, da die Kinder nicht daran denken, dass Autos aus einer weiteren Richtung kommen können.
- Geräusche (ankommende Autos, Sirenen) werden von den Kindern noch nicht so leicht wahrgenommen.

Eventuell gibt es in Ihrer Umgebung auch besondere Gefahrenstellen. Zeigen Sie den Eltern und Kindern, wo sich Zebrastreifen und Ampeln befinden, sodass die Straße sicher überquert werden kann, auch wenn dies einen Umweg bedeutet. Bevor die Kinder in die Schule kommen, kann man ihnen auch zeigen, wo es Schülerlotsen gibt und welche Funktion sie haben.
Sprechen Sie mit den Eltern auch über verkehrssichere Kleidung (siehe unten).

Spiele, Ideen, Anregungen

Gesehen werden!

Vor allem in der dunklen Jahreszeit ist es wichtig, dass die Kinder von den anderen Verkehrsteilnehmern gut gesehen werden können. Machen Sie mit den Kindern folgenden Test. Bitten Sie die Kinder, ihre Jacken anzuziehen. Gehen Sie anschließend mit ihnen in einen dunklen Raum und nehmen Sie eine Taschenlampe mit. Sie und die Kinder werden sehen, dass helle Jacken viel besser sichtbar sind als dunkle. Besonders gut sind die Reflektoren zu erkennen, mit denen heutzutage viele Kinderjacken ausgestattet sind.

Zusätzlich gibt es reflektierende Tieranhänger oder Armbänder, manche blinken sogar. Solche LED-Armbänder finden Sie unter anderem in Sportgeschäften. Sehr sinnvoll sind Sicherheitskragen für Kinder, die sie gut sichtbar über der Kleidung tragen können (erhältlich zum Beispiel bei www.kidoh.de oder beim ADAC).

Zeigen Sie den Eltern diese Hilfen und helfen Sie bei der Beschaffung. Vielleicht können Sie anregen, dass jedes Kind ein Blinkarmband im Adventskalender findet. Hierfür können Sie zum Beispiel bei einem Laternenumzug Geld durch den Verkauf von Würstchen und Getränken einnehmen.

Wilde Fahrer im Kindergarten

Sie haben bestimmt Fahrzeuge im Kindergarten, die sie nutzen können. Wenn nicht, dann bitten Sie einige Kinder von zu Hause Rutschautos, Dreiräder oder Roller mitzubringen. Weisen Sie die Eltern aber darauf hin, dass Sie die Fahrzeuge im Außenbereich einsetzen möchten.

Zeichnen Sie im Außenbereich eine Fahrbahn mit Kreide auf. Dort fahren einige Kinder mit ihren Fahrzeugen, natürlich in einem angemessenen Abstand und Tempo, sodass die anderen Kinder als Fußgänger die „Straße" überqueren können.

Die Kinder sollen sich zunächst hinter die Linie stellen, die die Straßenkante darstellt. Dann schauen sie nach links, rechts und wieder links. Wenn alles frei ist, gehen sie bis zur Mitte und schauen noch einmal nach rechts. Wenn kein Fahrzeug von rechts kommt, dürfen sie die Fahrbahn überqueren. Lassen Sie dies ganz oft wiederholen und üben Sie mit verschiedenen Kindern.

An einem anderen Tag können Sie auch einen Zebrastreifen aufmalen. Auch hier müssen die Kinder, die die Straße überqueren wollen, sich genauso wie oben verhalten. Allerdings müssen die „Autofahrer" nun besser achtgeben und anhalten, wenn ein Kind den Zebrastreifen überqueren möchte. Sagen Sie den Kindern, dass sie sich im Straßenverkehr nie darauf verlassen dürfen, dass ein Auto auch wirklich an einem Zebrastreifen anhält, auch wenn die Verkehrsregeln es so vorgeben.

Ampel

An einer Ampel müssen die Kinder schauen, ob sie grünes Licht haben, und trotzdem darauf achten, ob die Fahrzeuge anhalten. Es gibt verschiedene Ampeln. Am einfachsten für die Kinder sind die reinen Fußgängerampeln. Diese werden in der Regel manuell bedient, sodass die Ampel bedarfsweise auf Grün für die Fußgänger und auf Rot für die Fahrzeuge umstellt. Die Ampeln, bei denen abbiegende Fahrzeuge trotzdem fahren können, erklären Sie den Kindern besser und deutlicher vor Ort.

Das Überqueren der Straße an einer Ampel können Sie mit den Kindern auch gut im Kindergarten üben. Dazu basteln Sie sich am besten zwei Ampelmännchen, ein grünes und ein rotes. Kopieren Sie die Figuren und malen sie in der richtigen Farbe aus. Anschließend kleben Sie die Figuren auf eine runde Pappe. Am besten kleben Sie noch einen Stock darunter, damit die Kinder, die die „Ampel" spielen, diese hochhalten können.

Ein Kind hält das rote Schild nach oben. Wenn ein Kind die Straße überqueren möchte, dann muss es zur Ampel gehen und ihr sagen, dass sie auf Grün umschalten soll. Dann darf das Kind zügig über die Straße gehen.

Vorlage Ampeln

Ampel: Gehen

Ampel: Stehen

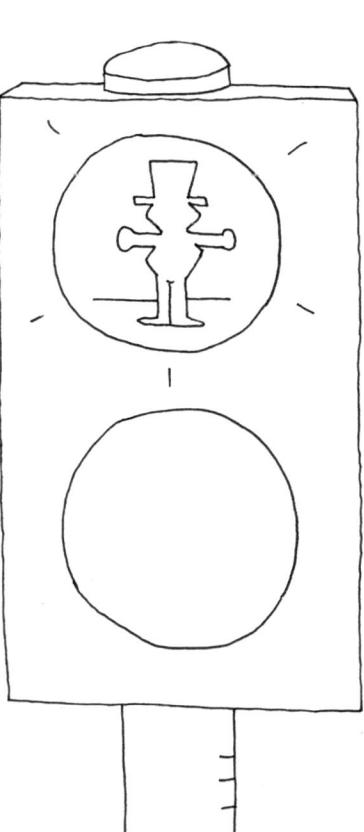

Spaziergang

Gehen Sie mit den Kindern die nähere Umgebung ab und üben Sie mit ihnen, wie man sich im Straßenverkehr verhält. Nehmen Sie pro Spaziergang jedoch immer nur ein neues Problem hinzu. Je nach den Anforderungen in Ihrer Umgebung können Sie die folgende Reihenfolge abändern.

- *Auf dem Bürgersteig gehen, Vorsicht bei Ein- und Ausfahrten:* Kinder müssen lernen, geordnet und vernünftig auf dem Bürgersteig zu gehen und auch dort mit eventuellen Gefahren rechnen. Es darf nicht geschubst werden, denn das kann zu Stürzen auf die Fahrbahn führen. Grundsätzlich sollten die Kinder immer eher zu den Häusern hin laufen und auf keinen Fall auf der Bordsteinkante herumturnen. An Ein- und Ausfahrten müssen die Kinder besonders aufpassen.
  Lassen Sie die Kinder in Kleingruppen bestimmte Abschnitte gehen und kontrollieren Sie, wie die Kinder das machen. Haben Sie immer alle Kinder im Blick und schreiten Sie sofort ein, wenn es zu schwierigen oder gefährlichen Situationen kommt.

- *Zügiges Überqueren der Straße:* Beim Überqueren der Straße muss der kürzeste Weg gewählt werden. Das bedeutet, dass die Kinder den geraden Weg wählen und so genau an der gegenüberliegenden Stelle der Straße ankommen. Das Überqueren von Kreuzungen ohne Ampel ist allein komplett verboten. Zu solchen Kreuzungen sollen die Kinder immer Abstand halten, wenn sie später allein unterwegs sind.
  Wenn Sie mit den Kindern gemeinsam eine Kreuzung überqueren wollen, sollten vier Erwachsene das Überqueren begleiten, damit es wirklich sicher ist. Jeweils rechts und links von der zu überquerenden Stelle sollte jemand stehen und den Verkehr beobachten. Eine Person steht auf der Seite, die die Kinder verlassen möchten, und überquert nach den Kindern die Straße, eine weitere Person steht auf der anderen Seite.
  Die Kinder schauen erst nach links, rechts und wieder links. Wenn die Fahrbahn frei ist, dürfen sie bis zur Mitte vorgehen. Danach müssen sie noch einmal nach rechts schauen. Kommt ein Auto, sollen sie nicht in Panik ausbrechen und zurückspringen oder über die Straße rennen, sondern abwarten, wie das Auto sich verhält. Hält das Auto, überqueren die Kinder zügig die Straße. Hält das Auto nicht, lassen sie es durchfahren und überqueren die Straße im Anschluss, falls sie frei ist.

- *Verhalten bei parkenden Fahrzeugen am Straßenrand:* Parkende Autos stellen oft eine Sichtbarriere zwischen Kindern und der Straße dar. Da die Kinder die Geräusche um sie herum nicht wirklich zuordnen können, laufen sie auf die Straße, ohne etwas zu sehen und ohne von den fahrenden Autos gesehen zu werden. Demonstrieren Sie das den Kindern, indem Sie sich hinter einem parkenden Auto verstecken und den Kindern dadurch beweisen, dass sie Sie nur ganz schlecht erkennen können. Die Kinder müssen wissen, bis wohin sie zwischen den parkenden Autos vorgehen müssen. Erst, wenn sie wirklich links und rechts neben das Auto schauen können, haben sie die richtige Position erreicht. Von dieser Position aus wird das Überqueren der Straße ebenso durchgeführt, wie oben angegeben. Sagen Sie den Kindern aber eindringlich, dass sie lieber ein paar Meter weiter laufen sollen, um eine Lücke zu finden, wo sie die Straße sicherer überqueren können.

- *Überqueren der Straße an einer Fußgängerampel:* An der Ampel müssen die Kinder schauen, ob es einen Knopf zum Drücken gibt. Darauf können sie drücken und warten, bis die Ampel auf Grün umspringt. Bei einer Ampel, die gesteuert wird, müssen sie ebenfalls warten, bis die Ampel umspringt, ohne dass sie etwas beeinflussen können.
  Sensibilisieren Sie die Kinder dafür, dass sie auch bei grünem Licht trotzdem schauen müssen, ob ein Fahrzeug kommt oder ob die Fahrzeuge auch wirklich stehen bleiben.
  Wenn sie sich davon vergewissert haben, dass kein Fahrzeug kommt, dann dürfen sie nicht einfach auf die Straße rennen, sondern sollen zügig und gerade über die Straße gehen. Rennen ist hier einfach zu gefährlich. Kinder können ausrutschen und hinfallen und schaffen es vielleicht nicht, dann rechtzeitig wieder aufzustehen. Springt die Ampel während des Überquerens der Straße auf Rot um, so setzt man seinen Weg zügig fort. Es ist absolut nicht nötig, hektisch zu werden oder umzukehren. Nur wenn eine Verkehrsinsel in der Mitte ist, kann man dort stehen bleiben. Sagen Sie den Kindern, dass die Autos immer ein bisschen länger Rot haben, als die Fußgängerampel auf Grün zeigt. Trotzdem sollen sie aber natürlich nicht trödeln!

- *Überqueren der Straße an einer Ampel mit abbiegenden Fahrzeugen:* Wenn die Ampel an einer Kreuzung steht, dann ist es möglich, dass abbiegende Autos und andere Verkehrsteilnehmer gleichzeitig mit den Fußgängern Grün haben. Die Fahrzeuge sind verpflichtet, die Fußgänger die Straße überqueren zu lassen. Trotzdem passiert es immer wieder, dass die Vorfahrt der Fußgänger missachtet wird. Deshalb müssen sich die Fußgänger und besonders die Kinder davon überzeugen, dass sie gefahrlos über die Straße gehen können. Machen Sie sie an solchen Ampel auf die spezielle Situation aufmerksam!

- *Überqueren der Straße an einem Zebrastreifen:* An einem Zebrastreifen wird die Straße genauso überquert, wie es an einer „normalen" Straße der Fall ist. Auch hier haben die Autos die Pflicht anzuhalten, doch wie an der Ampel müssen sich die Fußgänger vergewissern, ob die Autos auch wirklich anhalten!

Sprechen Sie im Anschluss noch einmal im Kindergarten darüber, was die Kinder gelernt haben.
Arbeitsblätter zum Thema finden Sie auf der Homepage des Verkehrserziehungskonzeptes „Kinder in der Stadt" (www.kinderinderstadt.de).

SCHLEIFE BINDEN

> Gezielt auf die Schule vorbereiten
>
> Mit Stift, Schere, Besteck und Co umgehen

ZUM THEMA

Irgendwann kommt der Zeitpunkt, zu dem man den Kindern das Binden von Schnürsenkeln zutrauen sollte. Turnschuhe mit Schnürsenkeln sitzen auch viel besser als Schuhe mit Klettverschlüssen. Eine Schleife zu binden, lernen die Kinder aber nicht einfach so nebenbei, sondern es erfordert viel Übung. Bestärken Sie die Kinder und unterstützen Sie sie, indem Sie ihnen Anreize bieten, die Schleife zu schaffen. Wenn das Binden der Schleife einmal geklappt hat, dann können es die meisten Kinder auch zukünftig immer!

Das Schleifebinden ist auch eine gute feinmotorische Übung. Da wird eine Menge Fingerspitzengefühl verlangt. Die Auge-Hand-Koordination spielt eine wichtige Rolle. Ist sie noch nicht ausgeprägt genug, dann schaffen es die Kinder noch nicht. Mit den Kindern, die Schwierigkeiten haben, können Sie Faltübungen machen, die diese Koordination schulen. Nach einigen Tagen versuchen Sie dann erneut, mit diesen Kindern die Schleife zu binden. Eine Voraussetzung für die Schleife ist, dass die Kinder einen festen Knoten binden können. Üben Sie dies zunächst. Dafür müssen Sie nicht unbedingt die Schuhe nehmen, Wollfäden oder Geschenkbänder eignen sich ebenfalls.

Zum Thema gibt es auch Bücher im Handel (siehe S. 100). Die Anschaffung für einen Privathaushalt lohnt sich nicht unbedingt, weil die Bücher nach dem Erlernen der Schleife nicht mehr nötig sind. Schaffen Sie lieber ein paar verschiedene Bücher für den Kindergarten an und verleihen Sie diese an die Kinder, die sie jeweils benötigen. Wenn die Rückgabemoral nicht besonders groß ist, dann lassen Sie die Eltern unterschreiben, dass sie die Bücher ordnungsgemäß zurückgeben und gegebenenfalls ersetzen. Sie haben dann zwar immer noch nicht die Sicherheit, dass die Bücher unversehrt zurückkommen, aber Sie haben zumindestens etwas in der Hand.

HILFEN DURCH ELTERN

Wie schon erwähnt, ist es ist eine reine Übungssache, die Schleife zu erlernen. Manche Kinder üben gern zu Hause, andere lieber in der Einrichtung. Die Eltern sollten das akzeptieren und die Kinder entscheiden lassen, wo und wann sie arbeiten möchten. Allerdings sollten die Eltern und Erzieherinnen sich darüber abstimmen, ob die einzelnen Kinder Fortschritte machen oder nicht.

Zeigen Sie den Eltern unbedingt, wie sie mit den Kindern üben, damit sie den Kindern nicht zu Hause etwas anderes zeigen.

Wie bei anderen Fertigkeiten sollen die Eltern ihren Kindern gegenüber Geduld zeigen und sie für kleine Erfolge loben.

Besprechen Sie auch mit den Eltern, ab wann die Kinder Schnürschuhe in die Einrichtung mitbringen dürfen. Die Kinder, die diese Schuhe tragen, werden wahnsinnig stolz sein und sich und anderen zeigen, dass sie die Schleife können. Das wird andere Kinder dazu bringen, ebenfalls weiterzuüben. Kommen die Kinder jedoch zu früh mit Schnürschuhen, dann müssen Sie die Schleifen selbst binden, was Ihnen viel Zeit kosten kann.

Spielen und Wahrnehmen mit allen Sinnen

Spiele, Ideen, Anregungen

Lernschuhe basteln

Auf S. 101 finden Sie mehrere Schablonen, die Sie zum Üben der Schleife nutzen können. Kopieren Sie die Schuhe (eventuell vergrößern) am besten auf stärkeres Papier oder dünnen Karton und lassen Sie jedes Kind seine Schuhsohle anmalen und mit seinem Namen beschriften.

Laminieren Sie die Lernschuhe, damit sie stabil und wasserunempfindlich werden. Anschließend schneiden Sie die Schuhe aus und stechen die Löcher, durch die die Schnürsenkel gezogen werden, hinein. Wenn Sie die Löcher mit Nieten verstärken, reißen sie kaum mehr aus und die Lernschuhe können länger benutzt werden. Außerdem schauen sie dann auch echter aus. Falls Sie kein Gerät für die Nieten haben, fragen Sie die Eltern oder gehen in ein Schuhreparaturgeschäft bzw. in eine Änderungsschneiderei.

Knoten binden

Als Erstes müssen die Kinder den Knoten lernen. Das ist bei manchen eine Sache von wenigen Handgriffen, bei anderen dauert es etwas länger.

Achten Sie bitte darauf, dass der Knoten aus zwei verschiedenen Enden geknotet wird und nicht aus einem Stück Faden oder Schnürsenkel. Das Arbeiten mit beiden Händen ist dabei besonders wichtig. Sicher macht es den Kindern Spaß, übereinander mehrere Knoten zu machen.

Grundlagen der Schleife

Es gibt zwei Arten, eine Schleife zu binden.

1. - Diese Schleife wird in der Regel von Erwachsenen und größeren Kindern gemacht. Zunächst werden die Schnürsenkelbänder zu einem Knoten gebunden. Mit dem nun rechts liegenden Schnürsenkelband wird im Anschluss eine Schlaufe gelegt und mit dem Daumen und Zeigefinger der rechten Hand festgehalten.
   - Danach wird das andere Schnürsenkelband darum gelegt.
   - Dann wird dieses Band durch die neu entstandene Schlaufe gezogen.
   - Das Ganze wird gut und gleichmäßig festgezogen, sonst geht die Schleife hinterher zu leicht wieder auf.

2. - Die zweite Möglichkeit, eine Schleife zu binden, ist für kleine Kinder meistens etwas leichter. Wieder wird ein Knoten gebunden. Dann nehmen die Kinder beide Schnürsenkelbänder in die rechte Hand und bilden daraus eine gemeinsame Schlaufe.
   - Die beiden einzelnen Schlaufen werden miteinander verknotet, indem eine Schlaufe in die linke Hand genommen wird und eine in die rechte.
   - Auch dieser Knoten wird zum Schluss festgezogen.

Das größte Problem ist oft, dass die Schleife nicht fest genug gezogen wird oder so fest, dass die Enden wieder herausrutschen. Meistens liegt das daran, dass die Schlaufen zu groß gebildet wurden. Beim nächsten Mal müssen sie einfach kleiner gewählt werden.

Mit einem kleinen Spruch können Sie die Kinder unterstützen:

Ein Hasenohr,
noch ein Hasenohr.
Der Hase geht ums Loch herum und schlüpft rein.

Schleife binden

Üben mit einem Springseil

Zunächst ist es für die Kinder noch recht schwierig, die dünnen Schnürsenkel zu binden. Üben Sie daher mit einem Springseil. Schlingen Sie es um einen (großen) Schuh und schon kann die Schleife damit geübt werden.

Richtig vormachen

Es ist nicht einfach, etwas nachzumachen, wenn es spiegelverkehrt vorgemacht wird. Stellen oder setzen Sie sich darum hinter oder neben die Kinder, wenn Sie ihnen den Knoten oder die Schleife vormachen.

Im zweiten Schritt können die Kinder den Knoten oder die Schleife selbst ausführen. Bei Bedarf führen Sie ihnen dazu helfend die Hände.

Üben am Schuhmodell

Holen Sie nun die fertigen Lernschuhe. Die Kinder werden erstaunt sein, wie toll ihre Meisterwerke nun aussehen. Teilen Sie ihnen echte Schnürsenkel aus. Besonders motivierend für die Kinder sind farbige oder mehrfarbige Schnürsenkel.

Lassen Sie die Kinder erst einmal selbstständig versuchen, die Schnürsenkel in die Schuhe einzufädeln. Selbst wenn es kreuz und quer geht, ist das kein Problem. Danach kann es auch schon mit dem Schleifebinden losgehen.

Spannen Sie zwei Wäscheleinen auf. An die eine werden die Schuhe ohne Schleife gehängt (ruhig ein paar mehr als sie übende Kinder haben. Dann empfinden es die Kinder, die es noch nicht können, nicht so, als ob sie die Letzten wären.

Die andere Wäscheleine ist für die fertigen Schuhe mit Schleife bestimmt.

Alte Schuhe

Sie können auch an alten Schuhen üben. Allerdings müssen diese sauber sein. Turnschuhe können Sie zum Beispiel auch in der Waschmaschine reinigen. Die fertigen Schuhe kommen auf die Fensterbank, dann werden sie von allen gesehen.

Jetzt kann ich das

Kinder, die die Schleife können, dürfen sie nun endlich an ihren eigenen Schuhen binden. Loben Sie die Kinder, denn nun müssen sie üben, bis sich diese Fertigkeit wirklich eingeschliffen hat. Wenn Sie möchten, können Sie den Kindern, die es geschafft haben, eine Plakette verleihen. Diese können Sie neben das Garderobenschild heften, damit alle es sehen können. Dafür können Sie das Bild der Schleife von S. 8 nehmen, es auf ein buntes Papier kleben, laminieren und rund ausschneiden.

Bücher

Kyrima Trapp/Sabine Cuno: Fädeln, Schnüren, Zubinden, Ravensburger, 2014.
In Kurzgeschichten werden Situationen dargestellt, bei denen man das Bindetalent gut gebrauchen kann.
Die Kinder dürfen eine mitgelieferte Kordel durch die vorgestanzten Löcher stecken und so knifflige Aufgaben lösen, von der Struktur eines Lastkrans bis zur Schleife für den Schuh. Auf der Rückseite des recht günstigen Buches werden die Schnürmuster aufgelöst.

Prue Theobalds: Dürfen wir die Schleife binden, Papa Bär? Magnus Verlag, 2004.
Papa Bärs kleine Lieblinge üben Schleifen: Mit Paketen, Schuhbändern, Spaghetti und sogar im Pelz vom armen Papa Bär. Mit der bunten Schleife auf dem Titelbild können die Kinder selbst das Schleifebinden üben.

Daniela Kulot: Mama hat was mitgebracht, Thienemann Verlag, 2005.
Mama hat Lea schöne rote Schuhe mitgebracht. Aber Lea kann ja noch keine Schleife binden.
Bilderbuch mit praktischer Anleitung zum Schleifebinden.

Anette Langen/Tina Schulte: So klappt's mit dem Schleifebinden, Coppenrath, 2009.
Mailin und Finn können einfach keine Schleife binden. Da treffen sie auf Luca, der ihnen einen ganz einfachen Trick verrät, mit dem garantiert jedes Kind das Schleifebinden lernt.

Julia Boehme/Kerstin Völker: Lukas' Geheimnis oder wie man eine Schleife bindet, Baumhaus Medien, 2005.
Die Kindergärtnerin Yvonne zeigt Lukas, wie er seine neuen Turnschuhe zuschnüren kann. Leider fehlt ihm die Geduld … Gut, dass Sina es schon kann und ihm in Zukunft immer hilft. Aber eines Tages ist Sina krank und Lukas behauptet, er könne das Schleifebinden schon allein.

Vorlage Lernschuhe

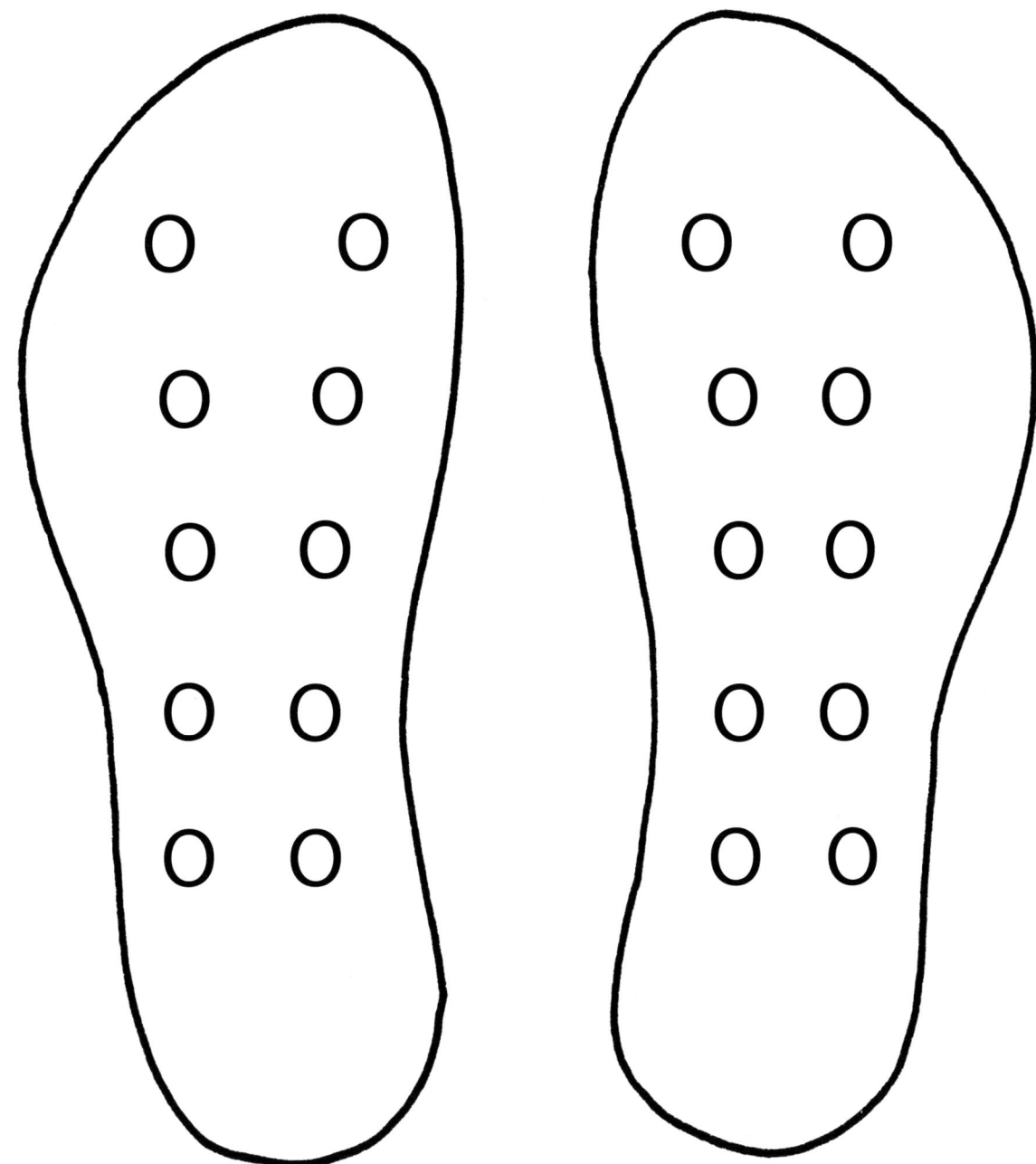

Schleife binden

Alle Unterrichtsmaterialien
der Verlage Auer, PERSEN und scolix

» **jederzeit online verfügbar**

lehrerbuero.de
Jetzt kostenlos testen!

Und das Beste: Schon ab zwei Kollegen können Sie von der günstigen **Schulmitgliedschaft** profitieren!

Infos unter: **lehrerbuero.de**

Das Online-Portal für Unterricht und Schulalltag!